Inhaltsverzeichnis

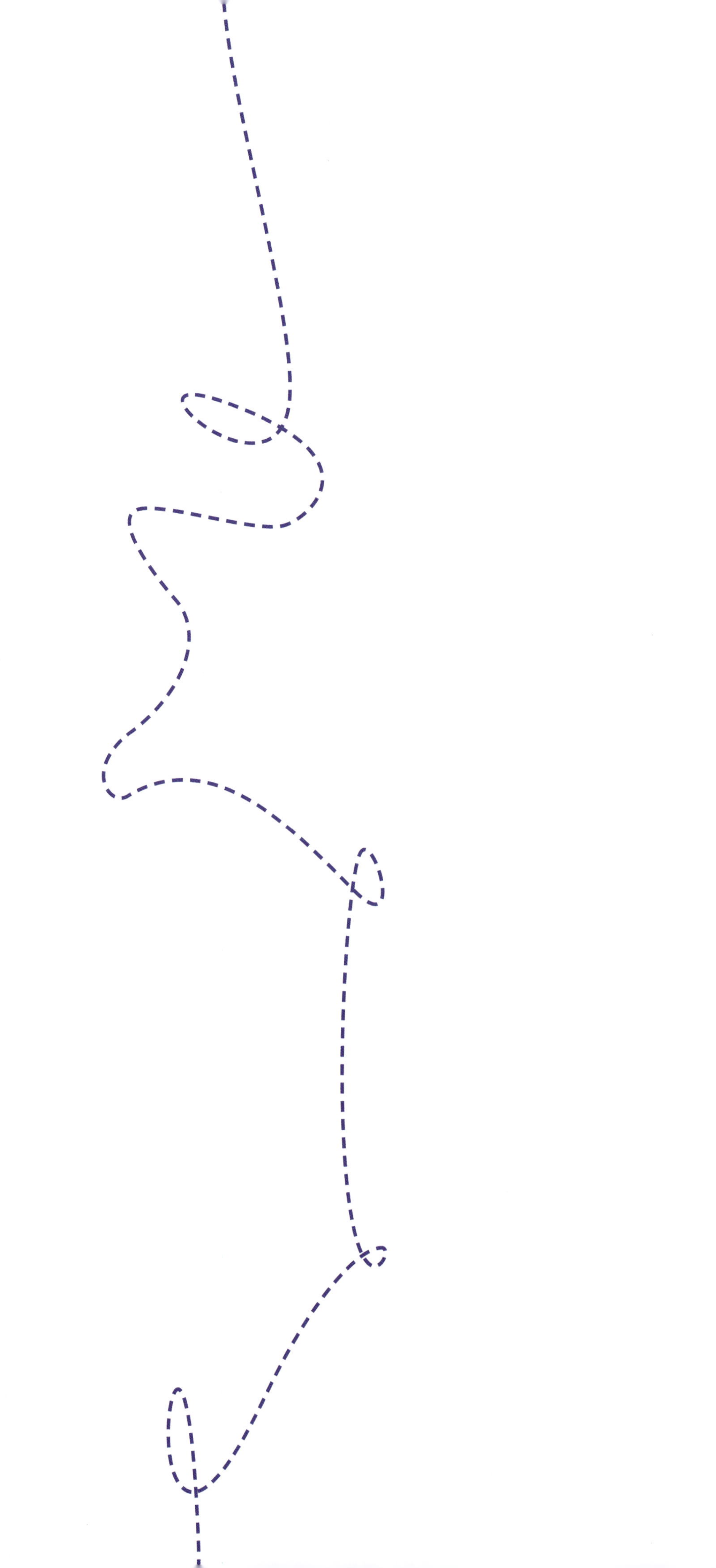

Vorwort

Liebe Leserinnen und Leser,

ein neues Bildungsverständnis stellt viele Kita-Teams vor die Herausforderung, sich weiterzuentwickeln. Die vorgebende und eher erwachsenenorientierte Pädagogik hat sich zu einer partizipativen und kindzentrierten Pädagogik hin verändert. Kinder werden als kompetente Lerner gesehen und Erzieherinnen* als achtsame Begleiter.
Doch was bedeuten diese Erkenntnisse für die Kita-Praxis? Kita-Teams müssen sich auf den Weg machen, ihre Konzepte, ihr Bild vom Kind sowie die Rolle der Erzieherin auf den Prüfstand zu stellen und sich auf eine offene Pädagogik einlassen. Denn eine „offene" Haltung und „offene" Räume ermöglichen Kindern auch eine „offene" Entwicklung, prozessorientiert an ihren Themen und Interessen.

Viele Kita-Teams haben sich schon auf den Weg in die offene Arbeit begeben, andere haben ihn noch vor sich und manche fürchten diesen Weg auch. Veränderung kann Vorfreude, aber auch Ängste auslösen. Deshalb ist es entscheidend, sich auf dem Weg zur Veränderung genügend Zeit für die Planung und sich selbst zu nehmen, um den Blick auf das Kind und die pädagogische Arbeit weiterzuentwickeln.

Als Coach begleite und inspiriere ich Teams auf dem Weg zur offenen Arbeit. Meine Erfahrungen zeigen, dass – so unterschiedlich der Weg auch sein kann – von jedem Team doch viele gleiche Inhalte und Themen geklärt werden müssen. Der Weg in die offene Arbeit ist ein langer, nie ganz endender Prozess, der Leitung und Team immens herausfordert.
Die wichtigsten Weg-Etappen – von der inneren Auseinandersetzung mit der eigenen Rolle als Erzieherin und dem eigenen Bild vom Kind über die räumliche Veränderung bis hin zu einem veränderten Umgang mit bisher „Altbewährtem" – sind in diesem Heft aufgeführt. Dies sollte nicht als „Rezept" verstanden werden, sondern als Orientierungsmöglichkeit auf dem Weg zur offenen Arbeit dienen. Die einzelnen Schritte können als Bausteine gesehen werden, um individuelle Wege zu gehen. Viele Anregungen aus der Praxis, von Kita-Teams gelebt und für gut befunden, sollen helfen, den eigenen Weg zu erleichtern und motivieren, ihn zu gehen.

Ich wünsche Ihnen viel Erfolg auf dem Weg in die offene Kita-Arbeit!

Ihre Christa Manske

*Aus Gründen der besseren Lesbarkeit wird im Folgenden auf eine sprachliche Differenzierung der weiblichen und männlichen Bezeichnungen verzichtet. Da die Erzieher in Kindertageseinrichtungen zumeist weiblich sind, haben wir uns hier für die weibliche Form entschieden. Selbstverständlich sind stets beide Geschlechter angesprochen.

Offene Arbeit – warum?

Wenn der Gruppenraum zu laut und zu voll ist, wenn nur sechs Kinder in der Bauecke spielen dürfen, obwohl sich gerade zwölf dafür interessieren, wenn Fingerfarbe nur ab und zu als Angebot bereitgestellt werden kann, obwohl die Kinder zwischendurch immer wieder Lust haben, mit dieser Farbe kreativ zu gestalten, dann macht das nicht nur die Kinder unzufrieden, sondern auch die Erzieherinnen. Wenn sich ein Kind mit Schmetterlingen befassen muss, weil diese gerade Thema in seiner Gruppe sind, und in der Nachbargruppe über Ritter gesprochen wird, die das Kind viel mehr interessieren, läuft etwas falsch.

Kinder sind Akteure ihrer Entwicklung

Kinder sind neugierig und wollen die Welt entdecken. Sie interessieren sich für unterschiedliche Themen und suchen die Auseinandersetzung damit. Sie suchen sich passendes Material und Spielpartner, spielen voller Hingabe, entwickeln Fragen und finden Antworten. Das bedeutet, dass Kinder kompetente Lerner sind, die nicht nur unsere Anleitung brauchen, sondern vor allem die richtige Umgebung.

Sie wollen selbstständig Entscheidungen treffen, wann sie wo, mit wem und wie lange spielen. Sie brauchen das Vertrauen der Erzieherin in ihre Kompetenz, denn sie sind die Akteure ihrer Entwicklung, wenn wir sie nur lassen und als Ko-Konstrukteur begleiten. Hier ist nicht die Erzieherin als Ideengeber gefragt, sondern das Kind. Es gestaltet seinen Lernprozess gemeinsam mit der Erzieherin, die Selbstbildungsprozesse anregt, unterstützt und begleitet.

Wie lernen Kinder? Das sagt die Hirnforschung:

Wenn wir uns das menschliche Gehirn als Dschungel vorstellen, der voller wilder und wuchernder Pflanzen ist, dann brauchen wir Wege, um hindurchzukommen und uns zurechtzufinden. Doch wie entstehen diese Wege?

Ein Kind, das im Waschraum die Hände unter den fließenden Wasserstrahl hält, ist ganz vertieft in sein Tun. Es dreht die Hände nach rechts uns nach links, öffnet und schließt sie. Dabei beobachtet und spürt es genau, wie sich der Wasserstrahl verhält. Es wiederholt seine Handlung immer wieder und ist begeistert von seiner Beobachtung und Entdeckung. Übertragen auf den Dschungel heißt dies, dass es gerade eine ganze Herde Elefanten losschickt und durch den Dschungel jagt. Je größer die Begeisterung des Kindes, umso größer ist die Elefantenherde. Was passiert hier? Je öfter das Kind sein Tun wiederholen kann, desto öfter schickt es die Elefanten die gleiche Strecke entlang. Und die Elefanten treten die Pflanzen platt, sodass ein gut sichtbarer Trampelpfad entsteht.

Wenn jetzt eine Erzieherin vorbeikommt, ruft sie meistens: „Mach das Wasser aus und komm zu uns!“ In diesem Moment machen die Elefanten eine Vollbremsung. Die Erzieherin meint es gut und bezieht das Kind in ein Spiel mit ein. Dafür interessiert sich das Kind jedoch gerade nicht. Weil Kinder aber oft sehr kooperativ sind, lassen sie sich darauf ein. Und so kommt es, dass im Dschungel jetzt ein Elefant aus einer anderen Richtung losgeschickt wird. Da das Kind jedoch nicht begeistert ist – es wurde von der Erzieherin aufgefordert mitzuspielen, spielt jedoch nicht aus eigener Motivation heraus mit – , läuft nur ein Elefant und keine ganze Herde. Und weil das Kind sein Spiel mit dem Wasser nicht wiederholt, richten sich die kleinen Pflanzen, die von den Elefanten hier niedergetreten wurden, wieder auf und es ist kein Pfad entstanden.

Zurück zum menschlichen Gehirn: Dieser Vergleich soll zeigen, dass Trampelpfade gut verknüpfte Neuronen sind. Denn Erinnerung und Wissen abzurufen funktioniert so, als flöge ein Hubschrauber über den Dschungel und suche bestimmte Wege. Es können nur Wege gefunden werden, auf denen viele Elefanten mehrmals entlanggelaufen sind. Wenn ein Kind seine Tätigkeit selbst wählen kann und voller Hingabe in sein Tun vertieft ist, schickt es immer eine ganze Herde los. Und wenn es selbst entscheiden kann, wie lange es sein Spiel fortführt, dann laufen die Elefanten so oft, bis ein gut wiederzufindender Pfad entstanden ist.

Beobachtet die Kinder und lasst die Elefanten rennen!

Für den pädagogischen Alltag im Kindergarten ergibt sich aus diesen Erkenntnissen: Wir müssen Kinder beobachten, um zu sehen, wann die Elefanten rennen – und die Elefanten rennen lassen, anstatt eine Vollbremsung zu verursachen. Je mehr Entscheidungsmöglichkeiten Kinder haben, was sie wann, mit wem und wie lange tun dürfen, umso größer sind die Chancen, dass die Elefanten rennen und dass Kinder durch Selbstwirksamkeit lernen. Dabei erfahren sie, dass ihr eigenes Handeln bestimmte Wirkungen hat. Die Kinder sind infolgedessen stolz auf ihr Tun und nehmen sich als kompetent wahr. Solche Erfahrungen bilden eine stabile Basis, um Herausforderungen aus eigener Kraft zu meistern. Die offene Arbeit ermöglicht Kindern dieses freie und engagierte Lernen. Viele Erzieherinnen, die diese Zeilen lesen, haben sicher mindestens ein Kind vor Augen, bei dem sie die Elefanten rennen sahen und eine Vollbremsung verursacht haben. Vielleicht haben sie die Elefanten aber auch rennen lassen und Freude an ihrer Beobachtung, Freude am Spiel der Kinder gehabt.

Wer Kinder achtsam begleiten und ihnen das Lernen durch Selbstwirksamkeit ermöglichen möchte, der kommt nicht umhin, sich für offene Arbeit zu entscheiden, damit die Elefanten rennen können.

Inklusion

Das offene Konzept ist vom Grundsatz her individuell und inklusiv. Das bedeutet, dass Kinder bei ihrem individuellen Entwicklungsstand und ihrer Lernausgangslage abgeholt werden. Kinder mit erhöhtem Förderbedarf werden dabei genauso berücksichtigt wie alle anderen Kinder. Material und Angebote greifen unterschiedliche Lernausgangslagen auf und bieten individuelle Lernwege und Unterstützung.

Therapeuten verlegen ihren Förderplatz, wenn möglich, zum Kind. Nur wenn es nötig ist, sollte das Kind in einem Therapieraum gefördert werden. Im besten Fall gibt es Integrationshelfer, die Kinder mit einem erhöhten Förderbedarf individuell begleiten. Denn gute Inklusion hängt unter anderem von der Personalstärke ab.

Wer offen arbeitet, arbeitet gleichzeitig inklusiv. Denn es gibt kaum ein inklusiveres Konzept als die offene Arbeit!

Kompetenzen für die Zukunft

Kinder sind unsere Zukunft. Aber wie sieht diese Zukunft aus? Was sicher zu sein scheint, ist, dass sich die Arbeitswelt vollkommen verändern wird. Computer übernehmen immer mehr Aufgaben und die Anforderungen am Arbeitsplatz werden sich in naher Zukunft deutlich von den heutigen unterscheiden. Während es vor kurzem noch wichtig war, über eine große Menge an Wissen zu verfügen, so ist dieses Wissen heute überall abrufbar. Es wird deshalb darauf ankommen, mit diesem Wissen umzugehen, Lösungsstrategien zu finden und kreativ und eigenständig zu denken. Dieses kreative Denken bringen die meisten Kinder von Geburt an mit, aber leider wird es oft nicht gefördert. Die Aufgabe von Kindertagesstätten ist es daher, kreatives Denken mit Hilfe der offenen Arbeit zu ermöglichen, anzuregen, zu unterstützen und zu begleiten.

Eine Frage der Haltung

Mein Bild vom Kind

Veränderung bedeutet auch immer, seine eigene Haltung zu hinterfragen. Welches Bild vom Kind habe ich? Sehe ich das Kind als süßen kleinen Menschen, der vor allem schutzbedürftig ist und Anleitung und Führung braucht? Oder sehe ich das Kind als kompetent, stark und entscheidungsfähig an?

Das Bild vom Kind ist die Grundlage für das erzieherische Handeln, denn daraus wird abgeleitet, was Kinder von der Erzieherin brauchen. Daraus wiederum ergibt sich, ob die Erzieherin sich mehr als Ko-Konstrukteur oder als Konstrukteur in der Begleitung des Kindes sieht. Gibt sie die Ideen und Themen vor oder greift sie die Themen der Kinder auf? Stellt sie viele Regeln und zeigt Grenzen auf oder gibt sie den Kindern viel Freiheit, Entscheidungsmöglichkeiten und entwickelt gemeinsam mit ihnen Regeln?

Mein Bild von mir als Erzieherin

Und damit bin ich unweigerlich bei meinem Bild von mir als Erzieherin angelangt. Wenn ich Kinder als besonders schutzbedürftig ansehe, werde ich ihnen viel Schutz geben und das Bedürfnis haben, sie im Gruppenraum zu halten. Sehe ich ein Kind als stark und autonom an, das in der Lage ist, sich im geschützten Raum in der Kita frei zu bewegen, öffne ich die Türen und lasse das Kind hinaus. Als Coach begegne ich immer wieder vielen Erzieherinnen, die in ihrer Gruppe differenzierte und wertvolle pädagogische Arbeit leisten. Doch wenn der Gedanke an die Öffnung kommt, stellen sie ihre Sorgen in den Vordergrund:

- Die Kinder brauchen mich, ich bin ihre Bindungsperson.
- Ich kann nicht alle Kinder gleichzeitig überall hin begleiten. Außerdem habe ich dann meine Kinder nicht mehr im Blick. Ich bin aber verantwortlich für sie und muss wissen, wo sie sind.
- Wie soll ich Entwicklungsberichte schreiben, wenn ich die Kinder nicht immer und überall beobachten kann?

Diese Sorgen sind wichtig und müssen ernst genommen und besprochen werden. Sie dürfen die Erzieherin aber nicht leiten. Diese ist gefordert, ihre Haltung zu überdenken und sich zu fragen, ob sie näher an ihren eigenen Bedürfnissen oder an den Bedürfnissen des Kindes arbeitet. Die entscheidende Frage ist, ob sie die Herausforderung der Öffnung als Zumutung für oder als Zutrauen in das Kind empfindet.

Mein Bild vom Team

Entscheidend für das Loslassen ist nicht nur das Vertrauen, das ich in die Kompetenzen des Kindes setze, sondern auch das Vertrauen in die Teamkolleginnen. Wenn „mein" Kind im Haus unterwegs ist und Ansprache, Unterstützung oder Trost braucht, vertraue ich dann darauf, dass es eine Kollegin geben wird, die das erkennt und das Kind unterstützt? Im besten Fall ist der Umgang des Teams mit den Kindern geklärt und basiert auf gemeinsamen Werten.

Was oft vergessen wird, ist, dass jedes Kita-Team über eine unglaubliche Ressource verfügt: Gemeint ist das Freispiel im Außengelände. Dort wird offene Arbeit seit Jahrzehnten gelebt. Es gibt keine fünf Sandkästen oder fünf Rutschen für je fünf Gruppen oder eingezäunte Gruppenbereiche. Hier gibt es auch keine gruppenbezogenen Einschränkungen. Die Kinder können sich im ganzen Außengelände frei bewegen, sich in Nischen verstecken oder Kontakte zu anderen Kindern knüpfen. Sie entscheiden selbst, ob sie auf Entdeckungstour gehen oder in der Nähe ihrer Bezugsperson bleiben. Und als Erzieherin habe ich hier das Vertrauen, dass – egal wo ein Kind stürzt oder Hilfe braucht – es auf eine Kollegin treffen wird, die die richtige Unterstützung geben wird. Hier hat das Team, im besten Fall gemeinsam mit den Kindern, schon Regeln entwickelt, die für alle gelten und gemeinsam gelebt werden. Warum sollte dies nicht auch innerhalb der Kita möglich sein? Auf dem Weg zur Öffnung gilt es, diese Erfahrung nach innen zu übertragen.

Ein Leitgedanke

Hilfreich beim Loslassen alter Strukturen und bei der Entwicklung neuer Ziele kann als Leitgedanke ein nigerianisches Sprichwort gelten: „Um ein Kind aufzuziehen, braucht es ein ganzes Dorf." Um sich selbst zu bilden, brauchen Kinder eine vielseitige und anregende Umgebung und unterschiedliche Ansprechpartner, bei denen sie unterschiedliche Themen und Antworten finden. Die alte Lebensform eines Dorfes, in dem Kinder sich frei bewegen konnten und ihnen viele Menschen verschiedenen Alters mit unterschiedlichstem Wissen begegnet sind, gibt heute kaum noch. Wenn ein Kind im Dorf den Schuster entdeckt hat, konnte es dort beobachten, wie Schuhe genäht werden, am Leder riechen und Fragen stellen. Wenn es genug wusste, konnte es weiterziehen und vielleicht beim Bäcker sehen, wie Brot gebacken wird, wie gut es in der Backstube riecht und woher der Bäcker das Mehl bekommt. Oft lebten auch seine Großeltern mit im Haus und übernahmen Erziehungsaufgaben bis hin zum Geschichtenerzählen. Der Grundgedanke, dass Erziehung und Bildung auf viele Schultern verteilt ist und sich das Kind seinen Weg suchen kann, ist auch ein Leitgedanke der offenen Arbeit. In den meisten heutigen Lebenssituationen fehlen Kindern der freie Bewegungsraum und die Lernorte eines ganzen Dorfes. Also geben wir ihnen diese Bewegungsfreiheit und die Lernräume in der Kita, indem wir diese öffnen und Bildungsräume gestalten. Die Aufgabe, Kinder zu inspirieren, ihnen Unterstützung im Lernen zu bieten, ein Umfeld mit Materialien zu schaffen, das sie beseelt und ihre Elefanten rennen lässt, kann so auf viele Schultern verteilt werden – ein neues Teamgefühl entsteht!

Die folgenden Kapitel beschreiben, wie eine Öffnung in zehn Schritten gelingen kann, wobei diese Schritte nicht als abgeschlossene Schritte auf dem Weg zur Öffnung betrachtet werden dürfen. Denn die offene Arbeit bringt es mit sich, auch weiterhin offen und flexibel für Veränderung zu sein.

1. Schritt: Ziele entwickeln

Das Motiv

Es gibt verschiedene Motive, warum sich eine Einrichtung auf den Weg zur Öffnung begibt. Manchmal wird die Öffnung vom Träger angeordnet, manchmal möchte es die Leitung und im besten Fall kommt es von innen, also von der Leitung und dem Team und aus der Überzeugung heraus, dass die bisherige Arbeitsweise nicht zum modernen Bild vom Kind passt. Wenn die Öffnung vom Träger angeordnet wird, ist es besonders wichtig, eine gute Fachberatung oder einen Coach an der Seite zu haben, sodass der Prozess initiiert und begleitet werden kann.
Aber auch ein Team, das sich aus innerer Überzeugung auf den Weg in die Veränderung begibt, sollte sich fachliche Unterstützung und Begleitung suchen. Hier sind Träger gefordert, finanziell und personell zu unterstützen sowie zeitliche Ressourcen zu schaffen, denn gute Planung braucht viel Zeit. Es liegt auch in der Natur der Sache, dass nicht alle Mitarbeiter eines Teams gleich motiviert sind. Es gibt immer diejenigen, die schnell voranschreiten, diejenigen, die sich gern mittragen lassen, und die Bedenkenträger, die auch schon mal ausbremsen. Für den Veränderungsprozess sind alle diese Typen wichtig. Jede Rolle hat ihre Funktion und trägt zur Entwicklung des Öffnungsprozesses bei. Falls es aber jemand im Team gibt, der sich dem Öffnungsprozess komplett verweigert, sollte individuell geklärt werden, wie weit er den Weg mitgehen kann oder ob eine Trennung sinnvoll ist. Es darf sich niemand verbiegen müssen. Und nur wer wirklich bereit ist, sich auf den Veränderungsprozess einzulassen, wird schließlich auch die Veränderung mittragen.

Raum und Zeit für Zweifel und Sorgen

Hier wird deutlich, dass am Anfang des Prozesses Raum und Zeit vorhanden sein müssen, um individuell Haltungen und Positionen zu klären. Jeder im Team hat unterschiedliche Erfahrungen oder Kenntnisse bezüglich der offenen Arbeit. Als Coach frage ich in dieser Phase gern die Haltung über eine Aufstellung anhand einer Zahlenskala (0 = keine Sorge, 10 = große Sorge) ab. Dazu nutze ich Fragen wie:

- Dürfen die Kinder in der offenen Arbeit nur noch machen, was sie wollen?
- Bietet offene Arbeit genügend Schutz für die jüngsten Kinder?
- Werden Kinder in der offenen Arbeit ausreichend und individuell gefördert?
- Können wir die Kinder genügend beobachten, um eine Entwicklungsdokumentation anzufertigen?
- Können wir die Eltern davon überzeugen, dass das offene Konzept gut für ihr Kind ist?
- Muss ich mich für einen Bildungsbereich entscheiden und jetzt für immer dortbleiben?
- Sind Kinder aus der offenen Arbeit gut auf die Schule vorbereitet?

Eine Aufstellung anhand dieser Fragen gibt Anlass zum Austausch und zeigt, wer welche Sorgen hat und welche Unterstützung braucht. Zweifel, die nicht geklärt werden können, sollten zum Beispiel auf Moderationskarten sichtbar festgehalten werden. Im Laufe des Prozesses können dann immer mehr Karten beantwortet und weggelegt werden.

Hospitationen

Bedenken und Unsicherheiten können gut durch Hospitationen in Kitas, die schon Erfahrungen in der offenen Arbeit gesammelt haben, aufgefangen werden. Hierbei sollte darauf geachtet werden, wie motiviert das Team der ausgewählten Kita ist und wie sehr sie von der offenen Arbeit überzeugt sind. Denn nur wer selbst in Flammen steht, kann Feuer weitergeben. Bei solchen Hospitationen finden sich schon manche Antworten auf Fragen und häufig werden auch Anregungen mit in das eigene Team genommen. So verändert sich die eigene Rolle des „Zögerlichen" in die des „Gestalters", der Ideen einbringt.

Der rote Faden

Um das Ziel „offene Arbeit", das noch in weiter Ferne liegt, zu erreichen, müssen jetzt gemeinsam Zeitfenster und Etappenziele gefunden werden. Es ist sinnvoll, sich an mindestens zwei aufeinanderfolgenden Tagen Zeit zu nehmen, um mit dem Team in das Thema einzusteigen. Hier sollte auch ein roter Faden entwickelt werden, um die Handlungsschritte für alle transparent zu machen. In einem Brainstorming können die Themen gesammelt werden, die bearbeitet werden müssen. Dabei wird schnell deutlich, dass viel Planungszeit benötigt wird.
Dies führt manchmal zu Ängsten und Überforderungsgefühlen, was die Teammittglieder entmutigen kann. Darum ist es jetzt wichtig, einen ungefähren Zeitplan zu entwerfen. Insgesamt vergeht von der Planung bis zur Umsetzung meist mehr als ein Jahr. Daher sollten alle verfügbaren Teamtage im Kindergartenjahr für die Umsetzung eingesetzt werden. Zusätzlich sollte mindestens einmal im Monat ein Treffen des Gesamtteams für ca. 2–3 Stunden, zum Beispiel eine verlängerte Teamsitzung, anberaumt werden. Außerdem müssen Zeitfenster für Kleinteams geschaffen werden, denn nicht alles muss im Gesamtteam entwickelt werden. Die Raumgestaltung der Bildungsräume kann beispielsweise gut in Kleinteams erfolgen. Nach einem halben Jahr sollte das Gesamtteam sich erneut einen ganzen Tag Zeit nehmen, um den bisherigen Weg und die weitere Planung zu reflektieren. Setzen Sie sich für eine konstante fachliche Begleitung ein, denn der externe Blick auf den Öffnungsprozess erleichtert der Leitung und dem Team die Arbeit.

Roter Faden

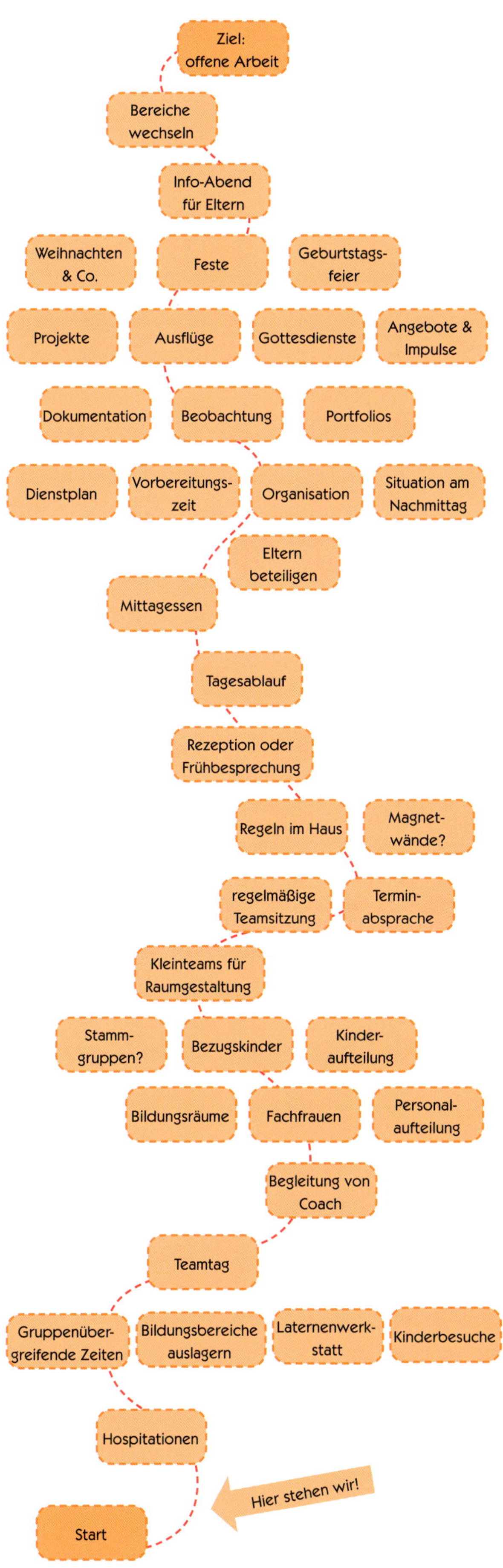

Die vom Team genannten Themen müssen gebündelt und nach Prioritäten sortiert werden. So wird gemeinsam ein roter Faden (s. S. 8) entwickelt, der bei allen Themen, die auftauchen und die bearbeitet werden müssen, Klarheit und Orientierung gibt. Die Grafik zeigt das Beispiel einer Kita, die sich gerade auf den Weg in die offene Arbeit gemacht hat. Das Team hat „seine" Themen auf Moderationskarten geschrieben und dann gemeinsam in eine sinnvolle Reihenfolge gelegt. Jede Kita hat ähnliche, aber auch unterschiedliche Themen, die allesamt wichtig sind und aufgelistet werden müssen.

Die zehn Schritte zur offenen Arbeit

Nach meiner Erfahrung als Kita-Leitung und Coach lassen sich die meisten Themen in zehn grobe Schritte aufteilen. Die Reihenfolge ist teamabhängig und individuell verschieden. Daher stellt sie nur eine mögliche Form der Vorgehensweise dar und dient der Orientierung, zum Beispiel:

1. Ziele entwickeln
2. Partizipation
3. Raumkonzept „Bildungsräume"
4. Stammgruppen und Fachfrauen
5. Die Nestgruppe
6. Der Tagesablauf
7. Organisation
8. Dokumentation
9. Feste und Projekte
10. Die Umsetzung

Das Konsensverfahren

Wenn ein Etappenziel gefunden ist, braucht es einen einheitlichen Beschluss im Team, um weiter vorzugehen. Doch wie kann die Leitung alle Teammitglieder „mitnehmen"? Hier eignet sich das Konsensverfahren, das von Franziska Schubert-Suffrian und Michael Regner weiterentwickelt wurde.

Wenn sich ein Team zum Beispiel entscheidet, auf dem Weg der Öffnung teiloffen ein Bistro anzubieten, wird gemeinsam überlegt, was dazu gehört, wo es sich befinden und wann es starten soll. Bedenken werden geäußert und festgehalten. So entsteht im Brainstorming eine erste Skizze des neu zu gestaltenden Bistros. Aus dieser Skizze heraus wird ein konkretes Ziel formuliert, dessen Umsetzung im Konsensverfahren abgestimmt wird, zum Beispiel: *Wir öffnen uns für ein gruppenübergreifendes Bistro, in dem die Kinder selbstbestimmt frühstücken und mittagessen können.* Zur Abstimmung erhält jedes Teammitglied Karten in vier Farben, mit denen es seine Haltung zu diesem Ziel darstellen kann. Die Farben der Karten haben die folgende Bedeutung:

- „Ich stimme vorbehaltlos zu."
- „Ich stimme mit Bedenken zu, aber ich mache mit."
- „So kann ich nicht zustimmen, wir müssen das Ziel noch etwas verändern."
- „Ich bin gegen den Vorschlag, ich mache nicht mit." (Vetorecht)

Das formulierte Ziel wird für alle sichtbar aufgeschrieben und vorgelesen. Dann hält jedes Teammitglied seine Farbe hoch, wodurch alle im Team an der Entscheidung aktiv beteiligt werden. Auch stille Mitarbeiter beziehen durch diese Methode Position und übernehmen Verantwortung für ihre Entscheidung. Wenn nur die Farben Grün und Gelb gezeigt werden, kann der Beschluss verbindlich festgehalten werden. Wenn aber auch Orange hochgehalten wird, entsteht ein konstruktiver Schritt. Denn jetzt ist das Team aufgefordert zu fragen: „Was brauchst du von uns, um mitzumachen?“ Durch diese Frage wird die Kollegin, die ihre Bedenken gezeigt hat, dazu angeregt, genau auszusprechen, was am Ziel umformuliert werden muss, damit auch sie zustimmen kann. Das kann so aussehen: „Mir fehlt in der Formulierung ein Zeitfenster, denn die Kinder sollen nicht immer und den ganzen Tag ins Bistro zum Essen gehen können.“ Das Team kann nun miteinander eine Lösung finden, die die Bedenken der Kollegin ernst nimmt. Eine neue Formulierung wird gesucht, zum Beispiel: *Wir öffnen uns für ein gruppenübergreifendes Bistro, in dem die Kinder* ***in festgelegten Zeitfenstern*** *selbstbestimmt frühstücken und mittagessen können.* Nach der Neuformulierung kommt es erneut zur Abstimmung und da die vorgetragenen Bedenken nun berücksichtigt wurden, kann die Kollegin die gelbe oder grüne Karte zeigen. So wurde miteinander und in Wertschätzung der kleinste gemeinsame Nenner gefunden, der es ermöglicht, den nächsten Schritt zu gehen und konkret zu planen.

Wenn jemand die rote Karte zeigt, blockiert dies den Prozess und das Thema muss verschoben bzw. neu aufgegriffen werden. Es ist ein mutiger Schritt, „Rot“ zu zeigen, aber umso wichtiger, da die Umsetzung des Vorhabens scheitern würde, wenn nicht alle Teammitglieder die Entscheidung mittragen.

Wenn alle Teammitglieder die grüne Karte zeigen, hat das den wunderbaren Nebeneffekt eines Wir-Gefühls mit der Zuversicht: „Wir schaffen das!“

Engagement und Verantwortung

Wer über die Dinge seines Lebens und Lebensraumes mitentscheiden darf, der engagiert sich auch für seinen Lebensraum und übernimmt Verantwortung. Darum sollten Kinder und Eltern in den Prozess der Veränderung partizipativ mit einbezogen werden. Viel zu lange schon sind Gruppenräume oft nur nach den Vorstellungen der Erzieherinnen gestaltet worden. In dem guten Glauben, dass sie wissen, was die Kinder brauchen und schön finden, haben sie ihre eigenen Vorstellungen verwirklicht. Auf dem Weg zur offenen Arbeit bietet sich jedoch wunderbar die Möglichkeit, die Kinder von Anfang an mit einzubeziehen und die Räume nach ihren tatsächlichen Bedürfnissen zu gestalten.

Teamentscheidung

Bevor jedoch die Kinder aktiv mitentscheiden und mitgestalten können, muss im Team diskutiert werden, was genau zur Partizipation freigegeben wird. Dürfen Kinder zum Beispiel über Möbel, Wandfarbe und Materialien entscheiden? Oder sollen Erzieherinnen über die Wandfarbe entscheiden und die Kinder über die Möbel und das Material? Es ist wichtig, dies im Team einheitlich festzulegen, damit die Kinder nicht enttäuscht werden, weil Zusagen wieder zurückgenommen werden. Viele Teams, die ich im Prozess der Öffnung begleitet habe, entschieden vorab, welcher Bildungsbereich in welchem Raum gelebt werden soll. Manchmal gab es aber auch Räume, denen nicht sofort eine Funktion zugeordnet wurde. Das war die Chance, die Kinder mit einzubeziehen.

Flexible Raumgestaltung durch die Kinder

Bei uns in der Kita haben die Kinder zum Beispiel entschieden, dass in einem bestimmten Raum Gesellschaftsspiele gespielt werden sollten. Nur wenige Wochen später wurde diese Entscheidung auf einer Vollversammlung rückgängig gemacht. Sie entschieden sich dafür, dass dort besser gebaut werden kann, und das ist auch heute nach zehn Jahren noch so. Der Raum des Rollenspiels dagegen wird bei uns immer wieder verändert. Es kommt auf die Kinder an, die ihn nutzen und verschiedene Ideen und Bedarfe haben. So war dieser Raum einige Zeit lang ein Prinzessinnen-Zimmer, dann ein Puppenzimmer, eine Schule, ein Tierheim, ein Pferdestall und seit einiger Zeit ist er eine Show-Bühne. Das Atelier wiederum erfährt in unserer Kita wenig räumliche, sondern eher materielle Veränderungen durch die Kinder. Hier und auch bezüglich des Bauraums werden regelmäßig die folgenden Fragen gestellt: Welche Materialien sind für die Kinder dieses Kindergartenjahres interessant? Was sind ihre Themen und welche Materialien benötigen sie für die Umsetzung dieser Themen? Muggelsteine helfen bei der Abstimmung: Die Kinder legen sie zu dem Material (oder einem Foto davon), das ihnen für den entsprechenden Raum wichtig ist.

Aktiv planende Kinder

In der Planungsphase haben wir den Kindern die Spiel- und Bildungsbereiche erklärt. Wir haben gemeinsam Fotos von anderen Kitas angeschaut und die Kinder haben sich in Interessengruppen aufgeteilt. Unterstützt durch eine begleitende Erzieherin wurden die Wünsche der Kinder besprochen und in Kinderprotokollen festgehalten. Materialwünsche, was sich zum Beispiel im Bauraum befinden sollte, wurden durch Katalogbilder, die die Kinder ausschnitten, visualisiert. Anschließend präsentierten die Interessengruppen ihre Ideen in einer Vollversammlung. Die Kinder engagierten sich sehr und zeigten viel Interesse für die Ergebnisse der anderen Gruppen.

Expertenwahl – eine feste Struktur der Partizipation

Da der Prozess der offenen Arbeit nie ganz abgeschlossen ist, sollten auch bei einer Weiterentwicklung die Kinder mit einbezogen werden. Denn Partizipation sollte neben der offenen und wertschätzenden Haltung in der Kita strukturell verankert sein. Der Schritt in die Öffnung soll auch zukünftig alle Kinder erreichen. Wenn sich zum Beispiel ein Raum oder das Material darin verändern soll, dann können in einer Kinderversammlung für diesen Raum Experten gewählt werden. Durch eine Expertenwahl können Entscheidungen an Kleinteams delegiert werden. Die Kinder wünschen zum Beispiel einen Kaufladen im Rollenspielraum. Hier muss jedoch geregelt werden, welches Material in diesen hineinkommt und welche Regeln im Umgang damit zu beachten sind. Kinder, die als Experten dafür gewählt werden möchten, sollten sich überlegen, wie sie ihre „Wähler“ überzeugen können. Wie können sie sich mit ihren Interessen und Kompetenzen in das Expertenteam mit einbringen? Hierzu halten sie am nächsten Tag eine kurze „Wahlrede“, es genügt auch ein Wort oder ein Satz. Die anderen Kinder können ihre Stimme abgeben und Experten wählen. Die gewählten Experten treffen anschließend im Expertenteam die den Kaufladen betreffenden Entscheidungen. Sie treffen sich, planen und räumen den Kaufladen ein, den sie den anderen Kindern erläutern. Fotos von ihnen zeigen allen Kindern, wer in diesem Bereich Experte ist und bei Fragen oder Unstimmigkeiten angesprochen werden kann. Solche Experten können für alle Bereiche und Themen gewählt werden. Kinder erfahren so strukturiert Mitbestimmung und begreifen, wie unsere gesamte demokratische Gesellschaft funktioniert.

Bedenken der Eltern

Die Ankündigung, bald offen zu arbeiten, löst bei vielen Eltern Sorge und manchmal auch Gegenwehr aus. Viele Eltern beschäftigen die folgenden Fragen:

- Wird mein Kind dann noch gesehen?
- Geht mein Kind im Chaos unter?
- Dürfen die Kinder nur noch machen, was sie wollen?
- Wie soll mein Kind die Umstellung auf die Schule schaffen?

> **Praxistipp: „Kinderprotokolle“**
>
> Mit Kinderprotokollen lassen sich Ergebnisse von Kinderkonferenzen oder Expertengruppen so festhalten, dass die Kinder sie ohne Hilfe verstehen. Überlegen Sie sich gemeinsam mit den Kindern Symbole, die zu den Inhalten passen. Diese werden besprochen, aufgemalt und gut sichtbar aufgehängt.

Diese Ängste müssen ernst und angenommen werden. Darum darf es keine isolierte Ankündigung zur Veränderung geben, sondern eine gut geplante Information mit Zeit und Raum, um die

Bedenken der Eltern aufzufangen. Dies setzt eine gute Planung im Team voraus: Ab wann und wie beziehen wir die Eltern mit ein und was geben wir zur Partizipation frei?

Eltern brauchen ein sicheres Team

Erst wenn das Team sich einig ist und einen „roten Faden“ zur Planung und Umsetzung entwickelt hat, sollten die Eltern über die Öffnung informiert werden. Es hat sich immer wieder gezeigt, dass Eltern ähnliche Fragen stellen wie auch das Team bei der ersten Auseinandersetzung mit der offenen Arbeit. Wenn das Team für sich Antworten und Sicherheit gefunden hat, kann es diese Antworten und das Gefühl der Sicherheit authentisch weitergeben. Erst dann ist der Moment gekommen, die Eltern zu informieren und in weitere Planungsschritte mit einzubeziehen.

Informationsabend und Transparenz

Um alle Eltern mit ins Boot zu holen, bietet sich ein Informationsabend an, an dem das Bild vom Kind als kompetenter Lerner, ein roter Faden mit Etappenzielen und die individuelle Umsetzung des offenen Konzeptes genau erläutert werden. Das Bild von den rennenden Elefanten kann Motivation für Veränderung schaffen und die Eltern einladen, ihr Kind mit einem anderen Blick zu betrachten. Eine von mir begleitete Kita hat den roten Faden als Weg mit Etappenzielen anschaulich an Stellwände gepinnt und am Elternabend präsentiert. Mit einem großen roten Pfeil hat das Team den Eltern gezeigt, an welchem Punkt des Weges es gerade steht und mit welchen inhaltlichen Fragen es sich gerade befasst. Antworten bzw. Lösungen wurden in Stichworten dazu gehängt, sodass die Eltern immer bestens über den aktuellen Stand informiert waren. Diese Transparenz und die Annahme der Eltern haben Vertrauen in den Veränderungsprozess gebracht.

Eltern gestalten mit

Auch die Eltern können aktiv in den Öffnungsprozess mit einbezogen werden. Ein Bereich, der den Eltern gut zur Gestaltung übergeben werden kann, ist die Bücherei bzw. das Lesezimmer. Mit Kinderbüchern kennen sich Eltern meist gut aus und bringen sich gern ein. Andere Bildungsräume sollten vor allem vom Team und den Kindern geplant werden, denn sie leben anschließend darin und kennen ihre Bedarfe besser als die Eltern.

Überlegen Sie in Ihrem Team, welche Eltern Ihre Kita hat und welche Ressourcen und Ansprüche diese wiederum haben. Es ist von Standort, Struktur der Kita, Interesse und Engagement des Teams abhängig, ab wann und wie viel Sie die Eltern miteinbeziehen. Treffen Sie Ihre Entscheidung bewusst und umsichtig.

Praxistipp: „Vater- oder Eltern-Kind-Morgen“

Bieten Sie an einem Samstagvormittag, zum Beispiel von 10:00 – 12:00 Uhr, einen Vater- oder Eltern-Kind-Morgen an, an dem die Väter oder Eltern mit ihren Kindern im Kindergarten spielen können. Dabei sind alle Bildungsräume geöffnet und das Kind ist der Experte, der seine Eltern herumführt und spielen kann, wo es ihm am besten gefällt. So erhalten die Eltern einen guten Einblick in das offene Konzept mit all seinen Möglichkeiten.

3. Schritt: Raumkonzept „Bildungsräume“

Raumkonzept

Um das offene Konzept räumlich zu planen, bedarf es einer Ist-Analyse. Wie viele Gruppenräume, wie viele Nebenräume und wie viele zusätzliche Räume stehen zur Verfügung? Welcher Raum hat einen Wasseranschluss, welcher Raum liegt in der Nähe der Küche und welcher Raum lässt sich verdunkeln? Diese Fragen klären die Funktion des jeweiligen Raumes und wofür er sich eignet.

Grundsätzlich gibt es im offenen Konzept fünf Basisräume:

1. Atelier
2. Bauraum
3. Raum für Rollenspiel
4. Raum für Bewegung
5. Bistro

Dazu kommen weitere Themenräume, zum Beispiel:

- Forschen und Entdecken (als Werkstattraum oder Lernwerkstatt)
- Entspannen und „Snoezelen“
- weitere Werkstatträume und die Offenheit für Themen, die noch kommen

Bildungsräume

Ich verwende den Begriff *Bildungsräume* statt *Funktionsräume,* denn in diesen Räumen steht die Selbstbildung im Vordergrund. Kleine Kitas mit wenig Räumen sind gefordert, Bildungsbereiche, die sich gut miteinander kombinieren lassen, in einem Gruppenraum zusammenzulegen. Große Einrichtungen haben meistens die Chance, jedem Bildungsbereich einen eigenen Raum zu geben und darüber hinaus in Nebenräumen weitere Themenräume anzubieten. Wichtig ist, dass sich das Team nach der Analyse, welche Räume in welcher Lage zur Verfügung stehen, darauf verständigt, wie die Räume genutzt werden sollen. Das Bistro sollte möglichst in der Nähe der Küche liegen, das Atelier benötigt unbedingt einen Wasseranschluss sowie Licht und ein Werkraum sollte möglichst ein Nebenraum sein, damit zum Beispiel lautes Hämmern nicht zur Belastung wird. Wenn es einen Raum mit Podesten gibt, ist dieser für den Bereich *Bauen* oder *Rollenspiel* gut geeignet. Es bietet sich an, einen großen Plan des Hauses an einer Wand zu befestigen und die Funktionsbereiche in die jeweiligen Räume zu schreiben. Bevor das Team in die Detailplanung geht, ist hier eine tragfähige Konsensentscheidung wichtig, damit jeder die getroffenen Entscheidungen mittragen und umsetzen kann.

Der Raum spricht zum Kind

Als Leitsatz für jeden Raum gilt: „Der Raum spricht zum Kind, bevor die Erzieherin ein Wort gesagt hat.“ Stellen wir uns einen langen Flur vor. Was sagt der Flur zum Kind? *Rennen!* Ein langer Flur lädt zum Rennen ein – Kinder verstehen die Botschaft des Raumes. Und wenn sie rennen, sagt die ermahnende Erzieherin: „Stopp, ihr dürft hier nicht rennen!“ Immer wenn wir selbst bemerken, dass wir zur ermahnenden Erzieherin werden, sind wir gefordert zu überlegen, was gerade nicht stimmt. Ist es der Raum, der eine falsche Botschaft sendet, oder sind Erwartungen und Regeln nicht kindorientiert und in Partizipation geklärt worden?

Räume brauchen eine klare Ansage

Funktions- bzw. Bildungsräume senden unmittelbare Botschaften an die Kinder, und je klarer diese Botschaften sind, desto höher ist anschließend die Qualität des Spiels.
Ich habe immer wieder Kitas erlebt, die auch nach der Öffnung noch jeweils einen Maltisch in den Gruppen hatten. Das Motiv der Erzieherinnen war, für die Kinder zu sorgen, die morgens schon früh in die Stammgruppe ihrer Kita kamen. Ich hörte Begründungen wie: „Meine Kinder malen morgens so gern und wenn ich nur Baumaterial habe, dann vermissen sie etwas." Dann jedoch wird der Raum in seiner Funktion unklar. Zusätzlich wunderten sich die Erzieherinnen, warum die Kinder im Laufe des Tages nicht den Weg in das Atelier suchten. Die Kinder hatten hier gelernt, dass das Material zu ihnen kommt und nicht umgekehrt, wie es in der offenen Arbeit eigentlich sein sollte. Das Beispiel zeigt, wie wichtig eine klare Aussage des Raumes ist und wie uns unsere Ängste und Sorgen daran hindern können, das offene Konzept wirklich zu leben.
Wir müssen uns bei der Planung des Raumkonzeptes fragen, welche Funktion der Raum haben soll: *Welche Selbstbildung soll hier initiiert werden?*

Grundsätze und Haltung

Unabhängig vom Bildungsbereich ist es wichtig, sich auf einige Grundsätze und eine gemeinsame Haltung für alle Bildungsräume zu einigen, zum Beispiel die folgenden:

- Alle Materialen sind für die Kinder erreichbar.
- Die Kinder entscheiden, wann sie welches Material nutzen.
- Die Einrichtung des Raumes orientiert sich an den Themen der Kinder und die Kinder werden bei der Raumgestaltung mit einbezogen.
- Jeder Raum braucht neben einer klaren Struktur Flexibilität, um für Veränderung offen zu bleiben.
- Die Gestaltung der Räume soll für jüngere und ältere Kinder ansprechend und einladend sein.
- Sowohl Jungen als auch Mädchen sollen in den Bildungsräumen ihre Themen finden.
- Die Erzieherin wird zum Ko-Konstrukteur, greift die Themen der Kinder auf, setzt ggf. Impulse und beobachtet achtsam Kinder und Prozesse.

3.1 Das Atelier

Das Atelier ist ein Bildungsraum, zu dem die meisten Erzieherinnen einen guten Zugang, ein gutes Gespür und kreative Ideen haben. Doch was braucht ein Atelier, um einen hohen Aufforderungscharakter für die Kinder zu vermitteln?

Visualisierung

Die Wände des Ateliers sollten weiß sein, damit der Blick der Kinder auf die Farben im Raum gelenkt wird, also auf die Farben, mit denen sie gestalten können. Es macht außerdem Sinn, das Atelier in klare Bereiche einzuteilen: den Nassmalbereich, den kreativen Basteltisch und das dreidimensionale Gestalten mit Knete oder Ton.

Struktur und Orientierung

Neben der Freiheit, hier kreativ zu experimentieren, Spuren zu hinterlassen und eigene Ideen umzusetzen, brauchen die Kinder Orientierung, wo sie welches Material finden. Die Aufteilung im Raum und das Material sollen so strukturiert sein, dass die Nutzung und Regeln sich von selbst erklären. Visualisierungen – zum Beispiel rote Ampeln an der Kiste mit Glitzer, Spezialkleber oder der Heißklebepistole – zeigen den Kindern, dass sie diese Materialien nur nach Klärung mit der Erzieherin nutzen dürfen. Alle anderen Materialien, mit denen gefahrlos gearbeitet werden kann, sollten frei zugänglich sein. Die Visualisierung ist wichtig, um das Handeln der Kinder nicht von der Erzieherin abhängig zu machen, sondern ihnen die Möglichkeit zu geben, sich die Regeln durch Bilder selbst zu erschließen. Wenn die offene Arbeit gemeinsam mit den Kindern geplant wird, sollten diese in die Regelfindung mit einbezogen werden.

Der Nassmalbereich

Der Nassmalbereich hat große Vorteile in der offenen Arbeit verglichen mit den Kreativangeboten in festen Gruppen. Während in festen Gruppen nur ab und zu Finger- und Wasserfarbe zum Einsatz kommen, stehen im Atelier des offenen Konzepts immer Farben zur Verfügung. Die Farben sollten in Bechern mit Deckel und mit je einem Pinsel einladend und in Kinderhöhe bereitgestellt werden. Relativ kostengünstig kann eine Malwand installiert werden. Dazu wird eine große, beschichtete Spanplatte an eine Wand montiert und Küchenstangen werden darüber festgeschraubt. Diese dienen als Halterung für Malpapierrollen. Farbbecher können auf einem Tablett, das an einen Hocker geschraubt ist, griffbereit angeboten werden. Alternativ oder zusätzlich können auch Staffeleien aufgestellt werden. Das Schöne an einer Malwand ist, das sie das Bedürfnis der Kinder aufgreift, im Stehen großflächig aus dem Schultergelenk heraus zu malen. So große farbige Spuren zu hinterlassen und dadurch Selbstwirksamkeit zu erleben, ist besonders für Kinder von 2–4 Jahren sehr wichtig. Ein großer Maltisch kann aus einer Küchenarbeitsplatte kreiert werden. Auch hier können die Kinder im Stehen malen, es befinden sich höchstens 2–3 Hocker in Reichweite. In der Mitte des Tisches sollten zum Beispiel auf einem schmalen Tablett Farben in Töpfen mit je einem Pinsel bereitstehen.

Das Material im Nassmalbereich:

- Fingerfarben mit je einem Pinsel
- Wasserfarben in der Nähe der Wasserstelle
- Malwand (gern auch über Eck)
- Staffeleien
- großer Maltisch (der nicht gesäubert werden muss)
- Wasserstelle (Spüle oder Waschbecken)
- Trockenständer (für große Werke ein Wäscheständer)
- Bürsten, Farbrollen, Siebe

• Stempel
• ggf. Streumaterial wie Glitzer, Schnipsel, Konfetti
• eine Farbschleuder (oder Salatschleuder, s. Praxistipp S. 18)
• eine Maldecke (um auf dem Boden zu malen)

Der Basteltisch

Die älteren Kindergartenkinder haben oft schon eine konkrete Vorstellung von dem, was sie malen oder konstruieren möchten. Darum brauchen sie einen großen Basteltisch, der sich in unmittelbarer Nähe des kreativen Materials befindet.

Die Kisten sollten transparent sein, damit die Kinder den Inhalt sofort erkennen können. Die Größe der Kisten muss so beschaffen sein, dass die Kinder sie mit an ihren Platz nehmen können. Materialien wie Scheren, Kleber, Kreppband, Locher, Tacker, Fäden, Lineale und Stanzen müssen auch hier frei erreichbar sein. Es empfiehlt sich, an den Basteltisch nur Hocker zu stellen, damit die Kinder in verschiedenen Körperpositionen malen können und beweglicher sind. Das Verändern der Körperhaltung ist gerade in unserer verstuhlten Gesellschaft mit Rückenproblemen enorm wichtig. Statt Maldecken zu verwenden, die doch immer nur verrutschen, gibt es relativ kostengünstig bei verschiedenen Anbietern für Kindergartenbedarf transparente Kunststoffauflagen, die genau der Tischgröße eines Kindergartentisches entsprechen. Sie können mit starkem Klebeband fixiert werden, um ein Verrutschen zu verhindern.

Materialliste für den Basteltisch:

• weißes und buntes Papier
• Tonpapier als ganze Bögen sowie Stücke in der Restekiste
• Transparentpapier
• Pappe in unterschiedlichen Stärken
• Tapetenmusterbücher
• Stoffreste
• (Kron-)Korken
• Schnipsel (Füllmaterial)
• Federn, Perlen, Knöpfe
• Knisterfolie
• glitzernde Verpackungen (z. B. von Pralinen und Schokolade)
• Innenverpackungen von Pralinenschachteln
• Kleber, Kleister
• Klebestifte
• Heißklebepistole
• Bunt- und Filzstifte, Wachsmalstifte
• Scheren in verschiedenen Größen
• Prickelnadeln, Prickelunterlagen
• Buchstaben / Formen zum Aufkleben

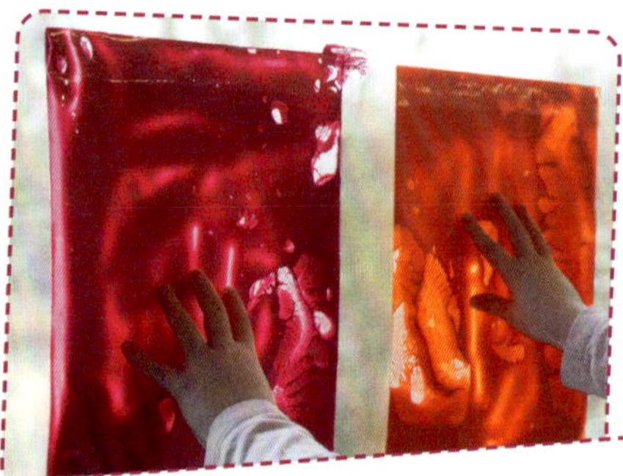

Praxistipp: Farbe in Folientaschen

Füllen Sie etwas Fingerfarbe in transparente Verschlussbeutel und verkleben Sie die Öffnung gut. Die Beutel können in Kinderhöhe an ein Fenster geklebt werden und laden gerade U3-Kinder ein, auf ihnen zu „malen“, Spuren und Abdrücke zu produzieren. Die Kinder erleben so Selbstwirksamkeit und wie sich Farbe vor Licht verhält.

- Schrauben, Muttern, Unterlegscheiben
- gereinigte Kaffeekapseln
- Holzspachteln / Eisstiele
- Geschenkbänder, Schnüre, Kordeln
- Papprollen in verschiedenen Größen (Toiletten- / Küchenpapier)
- gereinigte Joghurtbecher
- Schachteln in verschiedenen Größen
- Krepp-Klebeband
- Mosaiksteine
- Goldfolie
- Lineale, Bleistifte, Radiergummis
- Muster- und Büroklammern
- Pauspapier

Praxistipp: Farbschleuder

Welches Kind hat nicht Spaß, eine Salatschleuder zu drehen? Wenn dabei noch ein Kunstwerk entsteht, macht es besondere Freude. Dazu wird Papier kreisrund zugeschnitten (Schablone bereitlegen, dann können die Kinder dies selbstständig tun), in die Salatschleuder gelegt und Fingerfarbe darauf geträufelt. Einmal kräftig schleudern und fertig ist das Kunstwerk! Ein Highlight ist es, Glitzer in die noch feuchte Farbe zu streuen.

Der Knettisch

Das dreidimensionale Gestalten kann mit Knete oder Ton an einem anderen Tisch angeboten werden. So bekommt jeder Tisch im Atelier seine eigene Funktion. Die Kinder erkennen diese Struktur schnell und erhalten die Ordnung mit aufrecht.
Das Arbeiten mit Ton oder Knete kann gut an einem Tisch ohne Stühle erfolgen. Entweder stehen oder knien die Kinder an einem niedrigen Tisch. Gerade beim Kneten brauchen die Kinder Kraft und Druck, den sie im Stehen aus ihrem Oberkörper holen.

Materialliste für einen Knettisch:

- Knete, die gut gemeinsam mit den Kindern hergestellt werden kann
- Messer, Schaber, (Holz-)Spachteln, Stöcke
- Ausstechformen
- Teigrollen
- Eiswürfelbehälter mit außergewöhnlichen Formen
- kleine Holzbrettchen
- ein Spielbackofen mit Backblechen in der Nähe

Der Tontisch

Der Tontisch sollte eine robuste Arbeitsfläche bieten und das Arbeiten im Stehen oder Sitzen ermöglichen. Im Gegensatz zur Knete können Kunstwerke aus Ton erhalten bleiben. Wer keinen Brennofen hat, kann die Kunstwerke trocknen lassen und den Kindern mit nach Hause geben.

Materialliste für den Tontisch:

- Ton
- Wasserschale
- alte Tücher
- Spachteln / Messer
- Kämme oder Gabeln
- Fleischklopfer
- Schaschlikspieße, Zahnstocher

Der Leuchttisch

Der Leuchttisch lässt Farben anders erstrahlen und fasziniert die Kinder. Der Tisch kann durch eine transparente Plastiktischdecke gut geschützt werden. Es weckt die Experimentierfreude der Kinder, wenn einige Farbkleckse auf die Fläche des Tischs gegeben werden, die, mit den Fingern verteilt und vermischt, andere Farben entstehen lassen. Außerdem bietet der Leuchttisch die Möglichkeit des „Abpausens“, also Konturen nachzumalen, sei es von Dinosauriern oder Prinzessinnen. Gerade „typische Jungenmotive“ laden die Jungen ein, einen Bleistift in die Hand zu nehmen. Lassen Sie die Kinder die Vorlagen auswählen, denn dann „rennen die Elefanten“, weil sich die Motive an den Themen und Interessen der Kinder orientieren.

Praxistipp: Selbstgebauter Leuchtkasten

Es muss nicht immer teuer sein.
Eine durchsichtige Kunststoff-Kiste eignet sich hervorragend als Leuchtkasten.
Hier kann eine LED-Lichterkette hineingelegt und Legematerial angeboten werden.
Fertig ist ein kleiner Leuchttisch!

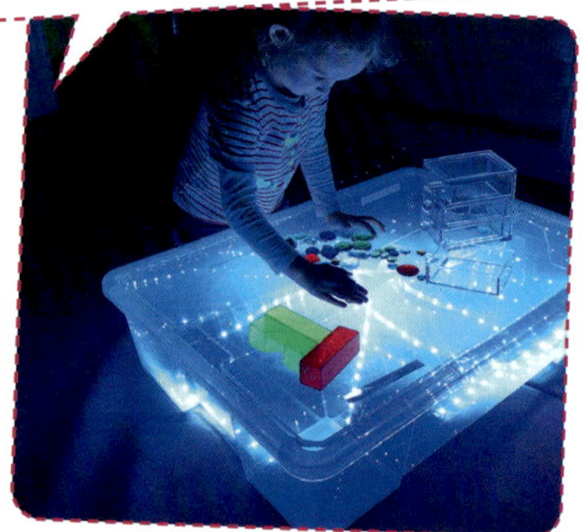

Bilderleisten für Kinderkunstwerke

Für die gemalten Kunstwerke der Kinder bieten sich Bilderleisten oder -schienen an. An diesen können die Kinder ihre Bilder selbstständig auf- und abhängen. Die Kunstwerke sollten wertschätzend präsentiert werden. Nicht selten entstehen große Diskussionen der Kinder untereinander, wenn sie ihre Werke betrachten. Damit auch die Kinder das Kunstwerk seinem jeweiligen „Künstler“ zuordnen können, empfiehlt es sich, kleine Fotos der Kinder in eine Ecke des Bildes zu kleben. Eine Couch im Atelier kann dazu einladen, die ausgestellten Werke zu bestaunen oder einfach nur das Geschehen zu betrachten. Nicht jedes Kind möchte sich sofort auf eine Aktivität einlassen. So kann es auf seine eigene Art teilnehmen und entscheiden, wann es aktiv werden will.

Eigentumsfächer für Kinderkunstwerke

Die Eigentumsfächer für die Kunstwerke der Kinder sollten im Atelier oder zumindest davor stehen, damit die Kinder nur kurze Wege dorthin haben. Gerade hier wird die Umstellung von Gruppen- auf Themenräume deutlich.

Material einer Funktion bündeln

Der Grundgedanke bei der Raumgestaltung lautet, Dinge, die thematisch zusammengehören, auch zusammen anzubieten. Kein Material in der Kita sollte sich doppeln, daher sollten Materialien einer Funktion auch im gleichen Bildungsraum angeboten werden.

Praxistipp: Sammelkisten für Kunstwerke

Anstelle von Eigentumsfächern können unter den Trockenfächern große Kisten für die Kunstwerke der Kinder bereitgestellt werden. Hier eignen sich eine oder zwei Kisten für Bilder, an denen die Kinder noch weiterarbeiten möchten, sowie eine Kiste für fertiggestellte Werke. Freitags werden die Kisten neben die Rezeption gestellt und die Kunstwerke müssen mit nach Hause genommen werden. Was dableibt, wird entsorgt.

3.2 Der Werkraum

Der Werkraum sollte sich unmittelbar neben dem Atelier befinden. Es empfiehlt sich, die Tür auszuhängen, um das Werken bestmöglich in das Atelier zu integrieren. Bei der Öffnung zum freien Werken zeigt sich immer wieder, dass Ängste der Erzieherinnen abgebaut werden müssen, die den Kindern den Umgang mit vielen Werkzeugen noch nicht zutrauen. Kinder sollten immer freien Zugang zur Werkbank, zum Material und zu den Werkzeugen haben. Nur wenige Dinge benötigen hier die Kennzeichnung mit der roten Ampel. Kleine Handsägen, Hammer und Zangen faszinieren die Kinder, und wenn die Werkzeuge mit ihnen gemeinsam eingeführt wurden und das Material leicht zu bearbeiten ist, können Kinder hier sehr selbstständig agieren.

Die Ausstattung des Werkraumes:

- eine stabile Werkbank
- Werkzeug, gut sichtbar, erreichbar und strukturiert an einer Werkzeugwand angebracht (Tipp: die Konturen der Werkzeuge an die Wand malen, damit das Aufräumen leichtfällt)
- Hammer, Handsägen, Zangen, Feilen, Handbohrer, Schraubendreher in verschiedenen Größen
- kleine Akkuschrauber mit Bohraufsatz (als Bohrmaschine für die Kinder)
- kleines Material wie Styropor®-Schnipsel, Kronkorken, Schrauben, Nägel, Unterlegscheiben (in transparenten Boxen anbieten)
- „weiche" Materialien wie Karton, Styropor®, Pappröhren oder Yton®-Steine zum Sägen anbieten
- weiches Holz (Fichte / Kiefer) in kleinem Zuschnitt
- Dach- und Zaunlatten
- Schleifpapier mit Schleifklötzen
- Kartons in verschiedenen Größen (so kann groß und dreidimensional konstruiert werden)
- Klebebänder
- Kordeln, Schnüre
- Draht in unterschiedlicher Stärke
- Gipsbinden und Gipspulver
- Leim
- Fotos von Kinderwerken zur Anregung aufhängen

Weitere Materialien, wie Watte oder Wolle, können nach Bedarf aus dem Atelier geholt werden. Auch die farbliche Gestaltung eines Werkes kann im Atelier erfolgen.

Den Kindern vertrauen und zum Ko-Konstrukteur werden

Gerade im Werkraum ist die Erzieherin gefordert, sich mit ihren Ansprüchen und Ängsten zurückzunehmen, zum Ko-Konstrukteur zu werden und sich voller Vertrauen auf die Ideen der Kinder einzulassen. Der Werkraum sollte besonders gut eingeführt und die Materialien erklärt werden, damit die Kinder die Werkzeuge verantwortungsvoll einsetzen können. Je besser die Einführung, desto mehr kann sich die Erzieherin anschließend zurückziehen und muss nicht zur „ermahnenden Erzieherin" werden.

3.3 Der Bauraum

Das Bauen und Konstruieren ist eine wichtige Auseinandersetzung des Kindes mit seiner Umwelt und gibt ihm die Möglichkeit, seine eigene Wirklichkeit zu gestalten. Kaum ein Material fordert Kinder derart heraus, mathematische Kompetenzen anzuwenden und weiterzuentwickeln. Die Raumgestaltung und das angebotene Material entscheiden, wie kreativ hier eigene Ideen umgesetzt werden und welche mathematischen und physikalischen Zusammenhänge die Kinder erfahren können.

Partizipation: Die Kinder entscheiden mit

Das Zusammentragen der Baumaterialen aus allen Gruppen ergibt häufig eine große Menge an Bauklötzen und Bausteinen. Hier muss entschieden werden, welches Konstruktionsmaterial in welcher Menge angeboten werden soll. In diesen Prozess können die Kinder wunderbar mit einbezogen werden. Es empfiehlt sich, Fotos von Bauwerken in Kitas zu fotografieren und den Kindern als Anregung vorzustellen. Entweder entscheiden alle Kinder in einem Abstimmungsverfahren, welches Material im Bauraum angeboten werden soll, oder gewählte „Experten-Kinder" treffen die Entscheidung und stellen ihre Ergebnisse den anderen Kindern in einer Vollversammlung vor.

Mögliches Baumaterial:

- Holzklötze in verschiedenen Größen
- magnetisches Baumaterial
- Holzplatten (so zugeschnitten, dass eine größenorientierte Zuordnung erfolgen kann: eine rechteckige Platte, zwei quadratische Platten, die zusammen so groß sind wie die rechteckige Platte und Latten, die den Seitenlängen aller Platten entsprechen)
- im Gegensatz dazu auch Holz, das keiner Norm entspricht: rund, eckig, gewölbt
- Äste und Zweige (bestenfalls von den Kindern gesammelt)
- Baumscheiben
- Steine und Legematerial
- Pappröhren in unterschiedlichen Längen und Durchmessern
- stabile Papp- oder Eisbecher

Praxistipp: „Transparente Bauten"

Kinder lassen sich bei ihren Bauwerken von ihrer Umgebung anregen. In der heutigen Zeit wird oft mit Glas gebaut. Dieses Thema sollte auch im Bauraum aufgegriffen werden. Transparente Kunststoffbehälter können gesammelt und im Bauraum angeboten werden. Sie dienen als Aussichtskuppel für Spielfiguren oder als Bauelemente – die Kinder setzen sie fantasievoll ein!

- transparente Behälter, um das Thema „Glas der modernen Architektur“ aufzugreifen
- Grasmatten aus Kunststoff
- Teppichfliesen oder Zuschnitte aus Musterbüchern (beim Raumausstatter nachfragen)
- zu einem See / Teich zugeschnittene Tücher / Stoffe / Müllbeutel
- Weihnachtsbaumkugeln aus Plastik
- Zollstöcke / Längenmaße wie zum Beispiel Schullineale
- Bauhelme (Helmpflicht, sobald über die Körpergröße hinaus gebaut wird)

Licht und Schatten

Inspiriert von der Reggio-Pädagogik lässt sich im Bauraum wunderbar das Thema *Licht und Schatten* umsetzen. Ein Overheadprojektor (in Schulen nachfragen – viele ersetzen die Geräte derzeit durch modernere Technik) und vielseitiges Legematerial projizieren leuchtende Kunstbauten an die Wand. Mit Licht und Formen zu gestalten, fasziniert die Kinder und lädt sie zum Experimentieren ein. Sie probieren aus, was wie leuchtet und wie sie Dinge auf der Fläche anordnen müssen, um ihr Ziel zu erreichen. Dreidimensionale Tiere aus Holz oder Kunststoff werden an die Wand projiziert auf einmal riesengroß und können in das Spiel und Bauen mit einbezogen werden. Der Projektor sollte gesichert stehen und das Legematerial in unmittelbarer Nähe angeboten werden. Dabei sollte es den Kindern auch möglich sein, sich kreativ anderes Material zu holen, um eigene Ideen umzusetzen und zu experimentieren.

Der Diaprojektor und bunte Strahler

Ein Diaprojektor kann entweder nur als weiße Lichtquelle eingesetzt werden, um Schatten von Bauwerken u. Ä. abzubilden, oder mit einem Landschaftsfoto dazu inspirieren, in der „Wüste“, auf einer „Wiese“ oder als „Skyline“ eigene Konstruktionen zu bauen. Farbige Strahler werfen bunte Schatten an die Wand und lassen die Kinder die Prismenphysik entdecken. Welche Farbe hat der Schatten, wenn ich blaues und gelbes Licht bündle und welche Farbe entsteht, wenn ich alle bunten Strahler zusammenlege? Fragen wie die diese können so thematisiert werden. Als weitere Lichtquellen bieten sich Taschenlampen, besonders in Verbindung mit bunten Glasbausteinen an. Solche Experimente können auch in einem Nebenraum des Ateliers angeboten werden, dem sogenannten weißen Atelier. Dieser Raum ist bewusst weiß gehalten, damit die Kinder mit Farbe und Licht experimentieren können.

Der Leuchttisch und Spiegel

Der Leuchttisch kann auch im Bauraum gut eingesetzt werden. Das Bauen und Legen mit bunten, transparenten Steinen fasziniert die Kinder und führt oft zu einem entspannten Spiel. Die Reggio-Pädagogik zeigt, wie wichtig Spiegel für Kinder sind, damit sie ihr Tun beobachten und ihre Selbstwirksamkeit aus einer anderen Perspektive erleben können. Gerade im Bauraum macht eine große Spiegelfläche Sinn, denn dann können auch die Bauwerke gespiegelt werden, was eine spannende Entdeckung für die Kinder ist.

Podeste und Leitern

Zur Ausstattung des Bauraums gehören unbedingt Podeste, damit in verschiedenen Höhen gebaut werden kann und auch schräge Ebenen konstruiert werden können. Um in die Höhe zu bauen, brauchen Kinder Zugang zu Leitern oder Hockern. Besonders geeignet sind Wendehocker, die in alle Richtungen einsetzbar sind, zum Beispiel als Leitern oder Podeste. Sie können in Bauwerke mit einbezogen werden oder bieten die Möglichkeit, sich daraufzustellen, um eine andere Höhe zu erreichen.

Inspirierende Wandgestaltung

Zur Inspiration können Fotos von berühmten Bauwerken wie von Pyramiden oder dem schiefen Turm von Pisa in Kinderhöhe an der Wand hängen. Auch Fotos von Baustellen und Bauwerken von Kindern eignen sich gut. Architektenpläne können ebenso an einer Wand des Bauraums befestigt werden. Wie im Atelier kann auch hier eine Bildleiste an die Wand montiert werden, die ein Auswechseln der Bilder leicht ermöglicht.

Struktur und Fexibilität

Egal für welches Material Sie und die Kinder sich entscheiden, folgender Grundgedanke sollte berücksichtigt werden: Entweder sollte gleiches Material in großer Menge oder vielseitiges Material in überschaubarer Menge angeboten werden.

Das Material sollte mit Fotos gekennzeichnet in Regalen und Kisten verstaut sein, damit das Aufräumen selbstständig erfolgen kann. Beobachten Sie, wie das Material bespielt wird, und tauschen Sie es gegebenenfalls unter Einbeziehung der Kinder aus.

3.4 Das Rollenspiel

In andere Rollen schlüpfen

Das Rollenspiel bietet den Kindern die Möglichkeit, Erlebnisse und Emotionen im Spiel zu verarbeiten, in andere Rollen zu schlüpfen, andere Perspektiven zu erleben und mit anderen Kindern intensiv in ein gemeinsames Spiel zu finden. Im Rollenspiel wird besonders deutlich, wie kompetent Kinder sind und wie wenige Impulse sie von außen brauchen, um ihre Themen weiterzuentwickeln.

Praxistipp: Kinderwohnung im Schrank

In vielen Kitas in Schweden werden Schränke ohne Türen eingesetzt. Diese dienen zum Beispiel als kleine Kinderwohnung oder als Ort des Rückzugs.

Aus der Puppenecke wird eine Kinderwohnung

Was Kinder zum Rollenspiel benötigen, sind Möbel und Ausstattung für das Rollenspiel „Familie“. Das können selbst gestaltete Möbel sein oder eine Auswahl aus den bisherigen „Puppenecken“. Die Kinder sollten auch hier wieder mit einbezogen werden. So wird aus alten „Puppenecken“ eine Kinderwohnung, orientiert an den Vorstellungen und Ideen der Kinder. Das Spiel bekommt eine neue Ernsthaftigkeit, wenn auch „echte“ Materialien eingesetzt werden. In einer Kita haben sich die Kinder beispielsweise eine Dusche gewünscht, also wurden ein Duschvorhang und ein Schlauch mit Brausekopf angebracht, der zwar ohne Wasser an der Wand angeschlossen war, aber das Spiel der Kinder ernst nahm. Echte Töpfe und Kochgeschirr wie Schneebesen und Schöpfkellen sind wesentlich faszinierender als Plastikimitate.

Die Verkleidungskisten

Kinder lieben es, sich zu verkleiden und in andere Rollen schlüpfen – ob als Polizist, Feuerwehrmann, Prinzessin oder Eiskönigin. Fantasie und Kostüme lassen Ideen zur Wirklichkeit werden. Daher brauchen Kinder ein gut strukturiertes Angebot an Kostümen. Es empfiehlt sich, gemeinsam mit ihnen Themenkisten zu entwickeln und auszustatten. Kleiderstangen mit Bügeln überfordern Kinder oft, sodass Chaos statt Übersicht herrscht. Die Themenkisten sollten mit Fotos versehen werden, die zeigen, was darin ist. Vom Feuerwehrhelm über -anzug, -schlauch und Handy darf alles dabei sein. In Partizipation sollten die Kinder mitgestalten und mitentscheiden. Auch hier sollte es Experten für die Kisten geben, die Verantwortung übernehmen und beim täglichen großen Aufräumen kontrollieren, ob alles gut sortiert und weggeräumt ist. Hüte und Accessoires können in einzelne Regalfächer gelegt werden, überschaubar und mit Fotos gekennzeichnet. Es müssen nicht alle Verkleidungsthemen gleichzeitig angeboten werden, denn auch hier kann flexibel unter Einbeziehung der Kinder Material ausgetauscht werden.

Die Showbühne

Wenn Kinder die Möglichkeit bekommen, sich im Kostüm auf einer Bühne zu präsentieren, erleben Sie in Ihrer Kita Vorstellungen und erhalten Einladungen zu großen Shows. Die Bühne sollte aus einem Podest mit Vorhang bestehen, der von den Kindern gut auf- und zugezogen werden kann. Wenn zunächst finanzielle Mittel fehlen, um eine Bühne zu gestalten, lohnt es sich, kreativ zu werden. Beispielsweise lässt sich aus alten Tischen, die nicht weiter gebraucht werden, eine Bühne bauen. Die Beine sollten auf eine erlaubte Podesthöhe (Richten Sie sich hier bitte nach den Vorgaben der im jeweiligen Bundesland zuständigen Unfallkasse.) gekürzt und die Tische mit Hilfe von Gewindestangen fest miteinander verschraubt werden. Fertig ist eine kleine Bühne! Wendehocker können als Sitzgelegenheiten für Zuschauer dienen.

Musik und Instrumente

Ein CD-Player mit Musik zur freien Verfügung und Spielmikrofone gehören unbedingt in den Raum für das Rollenspiel. Der Bereich Musik lässt sich hier gut integrieren, falls kein weiterer Raum für Instrumente zur Verfügung steht. Gerade Jungen aus anderen Kulturen entdecken mit Instrumenten den Rollenspielbereich für sich, denn sie werden in ihren Familien bei Hochzeiten und Feiern mit Musik und Tanz besonders mit einbezogen und erleben ihre Väter als Vorbild, das sie hier aufleben lassen können.

Schminkplatz und Spiegel

Was ebenfalls nicht fehlen darf, ist ein Schminkplatz mit Spiegel und Schminkstiften, Accessoires für die Haare sowie Schmuck und Handtaschen. Überhaupt empfiehlt sich für diesen Raum ein großer Spiegel, in dem die Kinder sich ganz sehen können. Bestenfalls ist dieser wie in einer Umkleidekabine verstellbar, sodass die Kinder sich aus den unterschiedlichsten Perspektiven betrachten können.

Schattenspiel

Des Weiteren kann mit Hilfe der Bühne, Licht und weißem Stoff auch das Schattenspiel entdeckt werden. Ob mit dem eigenen Körper, mit Kasperlefiguren oder mit selbst gebastelten Schattenfiguren – auch hier sind der Fantasie keine Grenzen gesetzt.

Höhlen bauen

Im Nebenraum oder in einer Ecke des Raums für das Rollenspiel sollten die Kinder die Möglichkeit haben, Höhlen zu bauen. Zur Ausstattung gehören hier Decken, Tücher, Wäscheklammern und Schnüre (Achtung: wegen Unfallgefahr sollten diese gemeinsam angebracht werden), Kartons und alte Schränke zum Verstecken. Um Schnüre sicher zu spannen, sollten abgerundete Haken oberhalb der Kopfhöhe der Kinder an Wänden oder fest verschraubten Möbeln angebracht werden. Vorsicht: Mit Decken bzw. Tüchern belastet hängen Schnüre durch. Das muss bei der Montage beachtet werden.

Regale als Puppenhaus

Puppenhäuser können in Regalen untergebracht werden. Die Regalfächer können thematisch gestaltet werden und Raum bieten für kleine Puppen, Dinosaurier, Tiere der Wildnis oder des Bauernhofs. Dies kann mit den Kindern flexibel verändert und umgestaltet werden.

Der Kaufladen

Der Kaufladen ist ein Klassiker im Rollenspiel und fordert durch seine kleinen Materialien heraus. Der Inhalt und der Umgang damit sollten gemeinsam mit den Kindern entwickelt werden, damit sie sich für die Ausstattung verantwortlich fühlen. Wie schon erwähnt, ist die Ernennung von Experten sehr hilfreich.

Diese Themen können im Kaufladen bespielt werden:

- Wiegen / Gewicht / Mengen
- Zählen von Geld oder Waren
- Einpacken / Abfüllen in Tüten
- Angebote aus Prospekten ausschneiden und in Wechselrahmen präsentieren
- Einkaufslisten schreiben
- Zuordnen von Obst / Gemüse
- Spracherziehung (Präpositionen: Wo befindet sich was?)
- 1 – 2 möglichst echte Kindereinkaufswagen mit festem „Parkplatz“, realistisch mit Kette und Karabiner an der Wand befestigt

Struktur und Flexibilität

Der Rollenspielraum muss überschaubar sein und darf bei aller Vielfalt nicht zu viel Material enthalten. Auch hier müssen nicht immer alle Themen gleichzeitig angeboten werden. Der Raum soll die Kinder einladen, ihre Themen zu spielen. In Absprache mit den Kindern kann entschieden werden, was angeboten wird und was ausgetauscht werden soll. Es bietet sich wie im Atelier an, ein Sofa als Ruhepol und Beobachtungsposten aufzustellen. Wer keinen Raum für eine Bibliothek hat, kann im Raum des Rollenspiels Bücher anbieten, denn viele Themen in Bilderbüchern regen zum Rollenspiel an. Erzieherinnen fühlen sich im Rollenspiel oft überflüssig, da die Kinder sie im Spiel nicht wirklich brauchen. Dennoch können sie Themen aufgreifen und Impulse setzen. In kleineren Kitas werden in diesen Raum zuweilen Regelspiele integriert, weil die Erzieherin Zeit hat, Spiele zu spielen.

3.5 Das Bistro

Ort der Kommunikation

Das Bistro – auch Kinderrestaurant oder Café genannt – ist der zentrale Ort für Begegnung und Kommunikation in der offenen Kita. Hier treffen sich alle Kinder, um mit Freunden und Erzieherinnen zu frühstücken, zu Mittag zu essen und zu erzählen. Neben dem sozialen und sprachlichen Lernen finden sich im Bistro die Themen *Ernährung, Gesundheit, Kochen* und *Backen.*

Gesundheit und Ernährung

Gerade in der Zeit der zunehmenden Tagesplätze gewinnen die Themen *Essen* und *Ernährung* in der Kita an Bedeutung. Viele Kinder essen in den ersten sechs Lebensjahren häufiger in der Kita als zu Hause. Die Erzieherinnen tragen in hohem Maße die Verantwortung, wie Kinder Essen erleben, wie sie sich ernähren, was sie über Lebensmittel und deren Zubereitung erfahren und welche Haltung sie zum Essen entwickeln. Dies hängt wiederum mit der Haltung der Erzieherinnen zu diesem Thema zusammen. Das Thema *Essen* darf nie zum Machtkampf werden, stattdessen muss eine einladende und angenehme Atmosphäre geschaffen werden, die die Kinder ermutigt, sich auf Neues einzulassen und unterschiedliche Speisen zu probieren.

Öffnungszeiten visualisieren

Die Öffnungszeiten des Bistros müssen im Rahmen der Tagesplanung im Team geklärt werden und für alle Kinder transparent sein. Ob durch Uhren, Symbole oder Karten, die den Tagesablauf darstellen – hier ist eine gute Visualisierung gefordert. Das Bistro sollte schon früh öffnen, weil es immer wieder Kinder gibt, die ohne Frühstück in die Kita kommen. Andernfalls muss diesen Kindern die Möglichkeit gegeben werden, bei einer Zubereitung des Frühstücks mitzuhelfen und schon Obst oder Gemüse zu essen.

Das bevorstehende Ende einer Essenszeit kann zum Beispiel durch das Abspielen eines Liedes, das in der ganzen Kita einige Zeit vor dem tatsächlichen Ende zu hören ist, erfolgen. Die Kinder hören das Lied und können die letzte Chance wahrnehmen, ins Bistro zu gehen.

Küchenzeile und Spülstraße

Für ein Bistro eignet sich am besten ein ehemaliger Gruppenraum, der in der Nähe der Küche liegt. Bestenfalls sollte im Bistro eine Küchenzeile vorhanden sein, damit auch hauswirtschaftliche Angebote dort stattfinden können. Wenn es keine Küchenzeile gibt, kann zum Beispiel auf einemGeschirrwagen eine „Spülstraße" eingerichtet werden. Hier schieben die Kinder Essensreste in einen Eimer, stellen ihre Teller ab und legen das gebrauchte Besteck in eine mit etwas Wasser gefüllte Schüssel. Die Kinder müssen ihre Teller so nicht selbst spülen, sollten aber mit einem Lappen ihren Platz säubern und neu eindecken. So übernehmen sie Verantwortung für die gesamte Gruppe.

Das Frühstück

Einige Kitas bieten das Frühstück als Buffet an, das gemeinsam mit den Kindern zubereitet wird. Dieses Angebot kann bei einer Öffnung der Kita im Bistro stattfinden. Falls das Frühstück von zu Hause mitgebracht wird, können im Bistro Regale oder Haken für Frühstückstaschen montiert werden. Wichtig ist auch hier die vorbereitete Umgebung. Im Folgenden sind verschiedene Vorbereitungen angeführt, die für die jeweilige Frühstückssituation notwendig ist.

mitgebrachtes Frühstück:

- eingedeckte Tische mit Getränken und Servietten
- klare Platzstruktur
- Tische in verschiedenen Höhen

Frühstücksbuffet:

- Buffet mit Schutzhauben (so wird Hygiene gewährleistet)
- Müsliecke mit Haferquetsche
- Speisen kennzeichnen (für Allergiker, Kinder verschiedener Religionszugehörigkeit …)
- Herkunft von Lebensmitteln durch aufgestellte Fotos visualisieren (z. B. hinter den Rosinen ein Foto von Trauben und hinter den Kürbiskernen ein Foto vom Kürbis aufstellen usw.)
  Die Visualisierung regt die Kinder dazu an, nachzudenken oder Fragen zu stellen. So wird auch das Buffet eine lernanregende Umgebung.

Übersicht durch Ankreuzliste

In einer Kita konnte ich beobachten, wie das Team mit der einfachen Methode der Ankreuzliste für Kinder ihren Bedarf an Kontrolle und Übersicht konstruktiv umgesetzt hat. Alle Kinder sind dabei anhand von Fotos auf einer Liste vermerkt, die gut sicht- und erreichbar in Kinderhöhe im Bistro hängt. Die Kinder kreuzen sich selbst an, wenn sie zum Frühstück oder Mittagessen kommen. So erhält die Bistrofachkraft eine Übersicht, wer schon da war und welches Kind gegebenenfalls noch persönlich angesprochen werden muss. Die Liste ermöglicht es auch, dass die Kinder zunächst sich selbst suchen und dann auch ihre Freunde. So können sie sehen, wer schon gefrühstückt hat, und sich nach Wunsch ihre Freunde dazuholen.

Visualisierung von Speiseplan und Themen

Auch der Speiseplan sollte visualisiert werden. Er sollte neben der Bistrotür oder im Bistro selbst auf Kinderhöhe aufgehängt werden und durch Bilder anzeigen, was es zu essen gibt. Jeden Montag können für diese Aufgabe verantwortlich erklärte Kinder den Speiseplan gestalten. Alle Beilagen und Mahlzeiten werden dazu als einzelne Komponenten auf laminierten Bildern in einer Art Setzkasten angeordnet und können herausgesucht werden. So lernen die Kinder spielerisch, welche Lebensmittel Gemüse, Obst usw. sind. Wenn Eltern fragen, was es zu essen gibt, können die Kinder kompetent antworten, weil sie einerseits wissen, wo sie ihre Informationen bekommen und diese Informationen andererseits kindgerecht aufbereitet sind. Hier sind die Kinder die Experten! Fotos für Angebote sollten ebenfalls an einer festgelegten Stelle aushängen, damit sich die Kinder selbst erschließen können, welche Speise wann im Bistro zubereitet wird. Falls das Angebot nicht von der Bistrofachkraft durchgeführt wird, kann der Aushang um das Foto der entsprechenden Erzieherin erweitert werden. Für Kinder ist dieser selbstständige Zugang zu Informationen sehr wichtig.

Partizipation – Kinder entscheiden die Speisewahl mit

Bei der Auswahl des Mittagessens bietet es sich an, die Kinder mit einzubeziehen. Es kann wöchentlich oder monatlich wechselnde Experten geben, die das Angebot des Essensanbieters oder der Köchin mit einer Erzieherin durchgehen und gemeinsam entscheiden, welches Menü bestellt wird. Es kann auch ein Kinderwunschtag eingeführt werden, an dem in Absprache mit dem Essenslieferanten bzw. der Köchin drei von den Kindern bevorzugte Speisen angeboten werden. Alle Kinder können dann mit Klebepunkten oder Muggelsteinen demokratisch entscheiden, was es am jeweiligen Wunschtag zu essen gibt.

Mittagessen als Buffet

Das Mittagessen kann wie bisher an Tischgruppen mit Schüsseln auf dem Tisch angeboten werden oder aber in Buffetform. Hier steht das Essen in Warmhaltebecken bereit und die Kinder bedienen sich selbst. Die Tische sind dann wie beim Frühstück vorbereitet und die Teller stehen neben dem Buffet. Je nach Kinderzahl sollte es eine oder zwei Theken geben. Die Kinder stehen in der Regel ruhig an. In einer Kita haben die Kinder eine Abgrenzungslinie auf dem Boden eingefordert, die ihnen den Rücken freihält, während sie sich am Buffet bedienen. Das Buffet fördert die Geduld und die Selbstständigkeit der Kinder und sie sind motiviert und stolz, wenn sie ihren gefüllten Teller zum Tisch tragen. Jüngere Kinder, die noch nicht vertraut sind im Umgang mit großen Löffeln oder Schöpfkellen, werden beobachtend wahrgenommen und erhalten so viel Hilfe wie nötig, aber so wenig wie möglich. Die Erzieherin kann beispielsweise das Agieren mit großem Vorlegebesteck auf einem Aktionstablett im Experimentierbereich anbieten, wenn das Kind hier noch unsicher ist. Kinder möchten alles selbst tun können und suchen die Herausforderung. Sie lernen nicht, indem wir ihnen die Dinge abnehmen, sondern indem wir ihre Themen aufgreifen und in lernanregender Umgebung anbieten.

Angebote und Impulse

Im Bistro sollte einer der Tische die klare Funktion eines Angebotstisches haben. Hier finden Koch- und Backangebote statt. Beim ersten morgendlichen Andrang zum Frühstück wird der Tisch meist noch zum Frühstücken gebraucht, aber schon kurze Zeit später kann parallel zum Frühstück ein hauswirtschaftliches Angebot starten. Die Kinder können dazukommen, mitwirken oder einfach zuschauen. Das Kochen kann mit den Kindern sehr gut auf einer mobilen Induktionsplatte erfolgen. Sie wird nicht heiß und kann gut erreichbar auf einen Tisch gestellt werden. Die Themen orientieren sich an der Jahreszeit und den Wünschen der Kinder. So kann beispielsweise im September eine echte Maispflanze aufgebaut und Popcorn gemacht werden oder Äpfel aus dem Garten in großen Körben bereitgestellt werden, damit daraus Apfelmus oder Apfelkuchen entsteht. Besonders beliebt ist die Apfelschälmaschine. Sie lädt die Kinder ein, ihr Frühstück um einen Apfel zu erweitern.

Der Aufforderungscharakter im Bistro ist groß, denn die Kinder lieben es, Lebensmittel kleinzuschneiden, zu backen und zu kochen. Diese Tätigkeiten können im offenen Konzept weitaus häufiger stattfinden als in geschlossenen Gruppen.

Praxistipp: Apfelschälmaschine

Die Kinder lieben sie – die Apfelschälmaschine! Damit können sie mit nur wenig Unterstützung alleine einen Apfel schälen. Das sieht nicht nur faszinierend aus – dieser Apfel schmeckt auch besonders gut!

Personelle Besetzung

Das Bistro erfordert mindestens eine ständige Fachkraft, die verantwortlich für die Ausstattung und die Angebote ist. Besser ist es, wenn es zwei verantwortliche Fachkräfte gibt – falls dies personell nicht möglich ist, müssen die Kinder von Erzieherinnen aus den anderen Bildungsräumen zum Essen begleitet werden. Der Dienstplan sollte so gestaltet sein, dass eine Unterstützung im Bistro immer möglich ist. Das Team entscheidet, ob nur die Bistro-Fachkraft hauswirtschaftliche Angebote durchführt oder ob auch andere Kolleginnen im Bistro diese Aufgabe übernehmen können.

Wie auf einer Piazza

Wenn in der Kita auf den ersten Blick kein Raum für ein Bistro vorhanden ist, sollten eher andere Bildungsbereiche zusammengelegt werden, als weiterhin in den Gruppen zu essen. Eine Lösung ist es zu überlegen, ob der Flur groß genug ist oder eine große Nische bietet, in der ein Bistro installiert werden kann. Im Flur einer Kita bekommt das Bistro oft den Charakter eines Cafés auf einer Piazza und wird so ein zentraler Ort der Begegnung, der zum Verweilen einlädt.

Ein Raum – eine Funktion

Die Einrichtung eines Bistros schafft die großartige Möglichkeit, aus allen anderen Räumen, ausgenommen aus dem Atelier und dem Raum für Experimente, die Tische zu entfernen. Im Sommer bietet es sich an, das Bistro nach draußen zu erweitern. Dort sind dann Sonnenschutz und eine Abgrenzung gefordert,damit das Bistro seine Funktion nicht verliert, indem es sich zum Beispiel mit anderen Bildungsräumen vermischt. Denn – wie schon erwähnt – jeder Raum hat seine eigene Funktion und alles, was zu diesem Bildungsbereich dazugehört, findet auch hier statt.

Bistromöbel

Wer ein Bistro in einem Anbau oder Neubau plant oder genügend finanzielle Mittel für die Umgestaltung eines Gruppenraumes zur Verfügung hat, sollte unbedingt auf verschiedene Tisch- und Sitzhöhen achten. Hier empfiehlt es sich, vom Schreiner Nischen für die Füße an Podesten in unterschiedlichen Höhen anbringen zu lassen. Wenn der Tisch und die Hocker der Kinder auf dem Podest stehen, kann die Erzieherin am Ende des Podestes mit geradem Rücken auf einem Rollhocker sitzen, denn dort beträgt der Abstand vom Boden zur Tischplatte mindestens 20 cm mehr. Auf dem Podest kann noch eine weitere Stufe angebracht werden, auf der die Zweijährigen erhöht sitzen können. Wenn auf einer Seite des Tisches eine fest angebrachte Bank steht, ist auf der anderen Seite Platz für Hocker. So finden die Kinder individuelle Sitzgelegenheiten und das Reinigen der Essplätze ist gut möglich.

Um bei Feiern oder Festen weitere Essplätze anbieten zu können, eignen sich an den Wänden angebrachte Klapptische. Notfalls können diese auch draußen vor der Bistrotür angebracht werden, um das Bistro bei Bedarf zu erweitern.

Das Buffet mit eingebauten Warmhaltebehältern kann individuell von Schreinern angefertigt werden. Hier sind Sicherheitsvorschriften, wie zum Beispiel kein Zugang der Kinder zu Schaltern oder Kabeln, zu beachten. Es ist sinnvoll, auch bei den Buffet-Schränken unterschiedliche Höhen anzubieten. Für die Hygiene und Langlebigkeit eignen sich Metall- oder Edelstahlschränke mit abschließbaren Türen, Lüftungsschlitzen und Kabelöffnungen in der Rückwand.

3.6 Der Bewegungsraum

Kinder bewegen sich überall

Kinder haben einen natürlichen Bewegungsdrang, und sie setzen sich über die Bewegung mit sich selbst und ihrer Umwelt auseinander. Das bedeutet, dass sie in der Kita genügend Raum benötigen, um sich zu bewegen. Konzentration wird nicht dadurch gefördert, dass Kinder still sitzen, sondern indem sie Konzentration in der Bewegung erfahren. Kinder sind immer auf der Suche nach Bewegungsgelegenheiten und funktionieren Materialien dafür um. Ein langer Flur sagt ihnen: „Renn!“, eine Kuschelecke sagt ihnen: „Spring!“, und ein Einkaufswagen im langen Gang sagt: „Veranstalte ein Wagenrennen!“ Wenn in der Kita nicht genug Bewegungsmöglichkeiten angeboten werden, leben die Kinder ihren Bewegungsdrang an allen Orten aus. Die Kita braucht also mindestens einen großen Bewegungsraum oder eine Turnhalle. Schön sind auch Bewegungsecken oder Nebenräume, die Bewegungsmöglichkeiten bieten. Wichtig ist ein Außengelände, das viel freie Bewegung ermöglicht.

Der Gedanke an die Turnhalle in der offenen Arbeit weckt in vielen Erzieherinnen Widerstand. „Soll ich jeden Tag von morgens bis abends in der Turnhalle sein? Das halte ich nicht aus!“ Solche Gedanken sind verständlich und darum muss ein Team sich genau überlegen, wie es die Turnhalle in das offene Konzept einbindet.

Einbindung der Turnhalle

Bestenfalls sollte die Turnhalle von morgens bis abends geöffnet und für die Kinder erreichbar sein. Die Aufsicht und Begleitung hängt von der Tageszeit, dem Bedarf der Kinder und den Materialien ab. Falls die Turnhalle zu weit entfernt liegt, um Kinder in der Bring- und Abholphase allein dort hingehen zu lassen, müssen in Nebenräumen oder im Flur Alternativen geschaffen oder das Außengelände muss den ganzen Tag über zugänglich gemacht werden.
Im Folgenden stelle ich zwei Varianten vor, die ich am häufigsten in der Praxis erlebe.

Variante 1: Turnhalle mit fester Fachkraft

Der Bewegungsraum wird ebenso wie die anderen Bildungsräume von mindestens einer Fachkraft über einen längeren Zeitraum verantwortlich geführt. Manche Kitas öffnen den Raum nach dem Morgenkreis, andere Kitas öffnen ihn zu einer vom Team vereinbarten Uhrzeit und wiederum andere öffnen und begleiten ihn den ganzen Tag, ausgenommen in der Mittagszeit.

Variante 2: Turnhalle mit rotierender Fachkraft

Der Turnraum wird zur Kernzeit geöffnet und die Besetzung der Fachkraft rotiert. So gibt es feste Tage für die Erzieherinnen und keine festen Tage mehr für Gruppen. Bei diesem Verfahren verzichtet einer der anderen Bildungsräume im Wechsel auf die zweite Kraft und die Belastung ist auf allen Schultern verteilt.

Kindorientierte Strukturen zur Raumnutzung

Alle Kinder sollten jeden Tag die Möglichkeit haben, in die Turnhalle zu gehen. Das muss organisiert werden, beispielsweise mit Hilfe einer bestimmten Anzahl von Bällen, die vor der Turnhalle in einem Korb liegen. Die Anzahl der Bälle entspricht der Anzahl der Kinder, für die Platz in dem Raum ist. In der Turnhalle befindet sich ein leerer Korb. Geht ein Kind hinein, nimmt es einen Ball und legt ihn für die Zeit seines Turnhallenaufenthaltes in diesen Korb. Verlässt es den Bewegungsraum, legt es den Ball wieder zurück in den Korb vor der Tür. So ist für alle Kinder ersichtlich, ob für sie ein Platz in der Turnhalle frei ist. Ob dieses System mit Bällen, Wäscheklammern oder anderen Symbole gehandhabt wird, ist letztendlich nicht wichtig. Damit es aber verstanden wird, sollte es gemeinsam mit den Kindern entwickelt werden, die ihr Wissen dann an neue Kinder weitergeben können. Durch solche Systeme können Kinder sich ohne die Hilfe von Erwachsenen orientieren. Dies gibt ihnen Selbstständigkeit und Selbstbewusstsein.

Praxistipp: Mobile Fußspuren

Wenn Kinder in der Turnhalle spielen dürfen, ohne dass eine Erzieherin dabei ist, wird oft eine Höchstzahl von Kindern festgelegt. Iso-Sitzmatten mit aufgemalten Fußspuren, zum Beispiel mit Acrylfarbe, zeigen, wie viele Kinder in den Bewegungsraum dürfen. Anhand der schon abgestellten Schuhe sehen sie, ob noch Platz darin ist. Die Anzahl der Matten kann individuell verändert werden.

Angebote und Impulse

Die Öffnungszeiten für freie Bewegung können durch Angebote unterbrochen werden, zum Beispiel Yoga oder Kindertanz. Solche festen Termine sollten in einem Kalender visualisiert werden, damit die Kinder sich darauf einstellen können. Darüber hinaus sollten die Angebote gut kommuniziert werden, damit alle Kinder sich eingeladen fühlen.

Die Bewegungslandschaft

Während der freien Bewegungszeit können Bewegungslandschaften oder Bewegungsbaustellen angeboten werden. Bewegungslandschaften können gemeinsam mit den Kindern zu einem bestimmten Thema wie *Weltall* oder *Unterwasserwelt* aufgebaut werden und sind in der Regel während der Nutzung nicht veränderbar. Wenn die Erzieherin aber aufgrund von Beobachtungen feststellt, dass einige Kinder gerade zu einem bestimmten Thema, wie zum Beispiel *Klettern,* eine Förderung ihrer Kompetenzen brauchen, kann sie dies gut in die Bewegungslandschaft einbauen.

Die Bewegungsbaustelle

Die Bewegungsbaustelle ist eine spannende Herausforderung und entwickelt sich mit den Kindern. Sie wird während der Nutzung verändert und variiert. Hier sind besonders flexible und von den Kindern veränderbare Materialien wichtig. Die Kinder erfahren experimentell, wozu sich welche Materialien eignen, und können kreativ eigene Ideen entwickeln und umsetzen. Schwierigkeitsgrade können von ihnen autonom variiert und der eigenen Entwicklung angepasst werden. Sie lernen, sich mit anderen Kindern abzusprechen, eigene Bedürfnisse zu formulieren und die Ideen anderer Kinder zu respektieren.

Ausstattung

Zur Ausstattung der Turnhalle gehören große Geräte genauso wie flexible Kleinteile, Haken und Balken zur individuellen Befestigung. Außerdem sollten folgende Materialien vorhanden sein:

- Turnmatten in unterschiedlichen Größen und Stärken
- Turnkästen in verschieden Größen
- Leitern
- Balken, Bänke, schräge Ebenen
- Kletterseile
- Schaukeln
- Kartons, Kisten oder Kriechtunnel zum Rein- oder Durchsteigen
- Decken und Tücher zum Höhlenbau
- Seile, Reifen, Pferdeleinen
- Kletternetz
- Bälle aller Arten und Größen
- leere Getränkekästen zum Stapeln oder als Balancierstrecke
- Wipp- und Rollbretter
- Sinnes- und Tastmaterial, Bierdeckel, Luftballons usw.
- Wandspiegel
- Kegel, Pylonen, Hindernisse
- Hockeyschläger (für erste Teamspiele)

Praxistipp: Kalender

Erstellen Sie einen Kalender mit Symbolen für die Kinder. Dieser Kalender nutzt Symbole, die sich an der phonologischen Bewusstheit der Kinder orientieren. Ein „Mond“ steht zum Beispiel für „Montag“, ein „Dino“ für „Dienstag“ usw. Die Kinder merken sich dadurch schnell die Wochentage. Eine Wäscheklammer oder einfaches Ankreuzen markiert den aktuellen Tag. Auch möchten Kinder oft wissen, wie oft sie noch bis zu einem bestimmten Ereignis schlafen müssen. Ist die Woche tabellarisch dargestellt, können die Kinder die Tage selbstständig abzählen. Wenn Aktionen stattfinden, können diese mit einem Bild an den entsprechenden Tag geklebt werden. Sind einige Erzieherinnen nicht an jedem Wochentag da, können sie ein Foto von sich über die Tage kleben, an denen sie anwesend sind. So können sich die Kinder Informationen selbstständig erschließen.

Struktur und Verantwortung

Die meisten Turnhallen verfügen über einen (oft überfüllten) Materialraum. Dieser sollte sortiert und strukturiert werden, damit auch die Kinder sich einen Überblick über die Materialien verschaffen können. Transparente Boxen oder Kisten mit Fotos machen hier ebenfalls Sinn. Zudem sollte ein Foto des ganzen Raumes mit seinen Regalen an der Tür in Kinderhöhe hängen, damit das Aufräumen leichter fällt. So wissen die Kinder, was wohin gehört. Wenn die Fachkräfte in der Turnhalle rotieren, sollte es ein oder zwei Verantwortliche für den Bewegungsraum mit seinen Materialien geben. Denn nur wo Verantwortung geklärt ist, kann man loslassen und darauf vertrauen, dass jemand Ordnung und Struktur im Blick hat.

3.7 Der Entspannungsraum

Entspannung ist wichtig

Zur Bewegung gehört als Gegenpol die Entspannung. Sie muss gerade Kindern immer wieder angeboten werden. Dies kann in Form von Yoga oder Fantasiereisen erfolgen, aber auch als „Wildschlaf" im Gruppenraum oder als Ruhen auf der Couch. Hierbei kann das Geschehen im Raum still beobachtet werden. Im Freispiel können in einem Neben- oder Schlafraum bei ruhiger Musik in einem Korb Pinsel, Tücher oder Massagebälle angeboten werden. Es bedarf einer Einführung des Materials, damit die Kinder wissen, wie sie sich gegenseitig mit Massagebällen massieren, sich sanft mit Tüchern abdecken und berühren können. Wenn sie in Kleingruppen erfahren haben, wie wohl es tut, sich so zu entspannen, können sie mit dem Material wertschätzend umgehen. Während Kinder sich in der Bewegung aktiv mit ihrer Umwelt auseinandersetzen, geben ihnen Entspannungszeiten die Möglichkeit, Eindrücke zu verarbeiten und „sacken zu lassen". Der Körper kann herunterfahren, die Atmung tiefer und ruhiger werden und die Muskeln können entspannen.

Snoezel®- oder Traumraum

Wer die Möglichkeit hat, richtet einen Entspannungsraum, einen Snoezel®- oder Traumraum ein. Hier erhalten die Kinder die Möglichkeit, ganzheitlich zu entspannen und innerlich loszulassen. Der weiße Raum mit den beruhigenden Licht-und Geräuschanimationen spricht die Sinne der Kinder an und ist eine ruhige Alternative zum aktiven Geschehen im offenen Konzept. Hier kann ein Kind sich allein oder mit Freunden zurückziehen, kuscheln oder einfach zur Ruhe kommen. Gerade die älteren Kinder lieben es, hier ein Hörspiel zu hören und für sich zu sein. Die Ausstattung eines Snoezel®-Raums und das Wissen um seine Nutzung sind sehr aufwendig. Alle Wände und Möbel sollten weiß sein, damit die Lichtinstallationen wirken. Ein Bett, eine Liegefläche auf einem Podest oder eine Couch dürfen nicht zum Toben, sondern sollten zum Hinlegen einladen. Darum sind die Größe und die Anordnung der Möbel von großer Bedeutung. Zu große Abstände und zu unterschiedliche Höhen verleiten zum Springen. Die Bezüge der Möbel sollten, wenn möglich, weiß und abwaschbar sein. Licht und Elektronik müssen so installiert sein, dass sie keine Gefahr darstellen und nicht von Kindern bedient werden können. Eine Sprudelsäule, die die Wahrnehmung der Kinder oft sehr fesselt, braucht einen sicheren Stand. Lichtprojektionen an der Decke laden die Kinder ein, sich auf den Rücken zu legen und ihre Aufmerksamkeit nach oben zu richten, wo keine anderen Kinder sie ablenken. Dies muss nicht eins zu eins umgesetzt werden, kann aber als Impuls für die Einrichtung eines Traumraums dienen. Oft genügt es, einen Abstellraum umzugestalten. In vielen Kindergärten mit festen Gruppen befindet sich an jeden Gruppenraum angrenzend ein kleiner Abstellraum. Auf dem Weg zur offenen Arbeit macht es Sinn, einen zentralen Abstellraum einzurichten. Eine Ausnahme bildet das Atelier, denn dort müssen viele Verbrauchsmaterialen ständig nachgefüllt werden. Daher sollte das Atelier seinen Abstellraum behalten. Andere ehemalige Abstellräume können zu Bildungsräumen wie beispielsweise Snoezel®- oder Traumräumen umfunktioniert werden.

Raumausstattung

Gerade ein kleiner Raum bietet sich an, um Kindern die Möglichkeit für Rückzug und Ruhe zu bieten. Größere Räume laden dagegen schnell zum Toben ein. Darum muss bei der Gestaltung des Raumes unbedingt darauf geachtet werden, was die Kinder zur Ruhe einlädt und was sie zu Bewegung auffordert. Der Leitgedanke „Der Raum spricht zu dem Kind, bevor die Erzieherin ein Wort gesagt hat." findet besonders im Traumraum seine Anwendung, denn hier ist nur selten eine Erzieherin dabei. Die Wände und die Einrichtung des Raumes sollten weiß sein. Eine Liegefläche sollte vorhanden sein, die mindestens 50 cm hoch sowie über Stufen erreichbar ist, damit sie nicht zum Springen auffordert. Seitliche Begrenzungen machen Sinn, um ein Gefühl der Geborgenheit zu erzeugen. Der Raum muss verdunkelt werden können. Gedämpftes Licht in langsam wechselnden Farben darf den Raum erhellen.

> **Praxistipp: Fußspuren für Hausschuhe**
>
> Eine Möglichkeit zur Begrenzung der abgestellten Schuhe ist es, Fußspuren vor die Tür des Traumraums zu kleben. Auf diese können die Kinder ihre Hausschuhe stellen. So ist von außen ersichtlich, ob noch Platz im Raum ist, ohne die Kinder in ihrer Ruhe zu stören. Meistens wissen die Kinder sogar anhand der Hausschuhe, wer im Traumraum ist.

Folgende Materialien sollten in einem Snoezel®- oder Traumraum vorhanden sein:

- Matratzen mit weißem, abwaschbarem Kunstleder oder weiße Kissen und Decken mit Bezügen, die gewechselt und gewaschen werden können
- weiße Roggen- oder Kirschkernsäckchen, die erwärmt werden können
- Spiegel über Eck an den Wänden der Liegefläche, die dazu einladen, sich im Wechsel des Lichtes zu betrachten
- leise Sprudelsäule mit Deko-Fischen
- Wandprojektionen / Snoezel®-Lampen
- Lichterschläuche
- LED-Lichtbänder
- Sternenhimmel
- Kiste mit Entspannungsmaterial wie Massagerollen oder Pinseln
- jegliches Zubehör aus dem Snoezel®-Bereich
- CD-Player mit Entspannungsmusik oder entspannenden Hörbüchern
- Ein Schrank kann zur kleinen Höhle umfunktioniert werden (Viele Kinder legen sich gern in Schränke.).
- Auf die Seite gelegte Gitterbetten eignen sich besonders gut, um kleine Kuschelhöhlen zu bauen, denn durch die Stäbe lassen sich Stoffe und Lichterketten ziehen.

Übergang Mittagsschlaf

Wenn Kinder sich vom Mittagsschlaf verabschieden, sind sie in einer Übergangsphase. Mal schaffen sie den Tag ohne Mittagsschlaf, ein anderes Mal sind sie zu müde für die Herausforderungen des Tages. Hier bietet der Entspannungsraum die Möglichkeit, ein kleines Nickerchen zu halten, ohne den Schlafraum zu nutzen, sodass die Kinder dies nicht als Rückschritt in ihrer Entwicklung betrachten.

Traumreisen

Es bietet sich an, im Snoezel®- bzw. Traumraum für kleine Kindergruppen Entspannungsgeschichten oder Traumreisen vorzulesen.

Partizipation

Auch hier kann mit den Kindern überlegt werden, wofür der Raum da ist, was die Kinder zum Entspannen benötigen und wie viele Kinder gleichzeitig im Raum sein dürfen.

3.8 Der Musikraum

Kinder und Musik

Kinder interessieren sich sehr für Musik und Instrumente. Von klein auf machen sie die Erfahrung, dass Musik sie in Bewegung oder zur Ruhe bringen kann und dass alle Dinge um sie herum Töne produzieren. Sie möchten selbst gern der Auslöser von Geräuschen sein, ob mit Glöckchen oder Trommeln, mit dem Kochlöffel oder der eigenen Stimme. Dieses Bedürfnis gilt es aufzugreifen und vielfältige Erfahrungen mit Musik zu ermöglichen. Musik fördert zudem die Sprachentwicklung, die auditive Merkfähigkeit und die Rhythmuswahrnehmung. Kinder setzen Musik gern in Bewegung um, zum Beispiel als Kindertanz, der in der Turnhalle angeboten werden kann.

Musik in den Alltag integrieren

Wenn es im Team keine Kollegin mit besonderem Engagement für Musik gibt, empfiehlt es sich nicht, extra einen Raum dafür herzurichten. Meine Erfahrung zeigt immer wieder, dass dieser Raum dann kaum genutzt und oft sogar verschlossen wird, da die Instrumente zu hochwertig für das freie Spiel der Kinder sind. Musik lässt sich jedoch wunderbar in den Alltag integrieren, von Singspielen im Kreis bis hin zu jahreszeitliches Festen oder Projekten. Wie bereits im Kapitel über das Rollenspiel (ab S. 23) beschrieben, bietet es sich an, Musikinstrumente in der Nähe der Bühne zu platzieren. Zu diesen Instrumenten sollten die Kinder freien Zugang haben.

Abhängig von personeller Besetzung

Falls sich jedoch eine Teamkollegin mit besonderem Interesse für Musik findet, kann diese neben der Musik im pädagogischen Alltag einen Musikraum gestalten. Dazu eignet sich zum Beispiel ein Nebenraum. Dort können alle Instrumente so angeboten werden, dass die Kinder sich – zum Beispiel anhand eines Ampelsystems – selbst erschließen können, welche Instrumente frei

zugänglich sind und welche nur gemeinsam mit der Erzieherin genutzt werden sollten.
Im Musikraum können musikalische Angebote stattfinden, an denen die Kinder teilnehmen können, wenn sie es möchten. Das Angebot und der Zeitpunkt müssen allen Kindern bekannt sein, damit sie dies in ihrem Spiel berücksichtigen können. Auch hier gilt die Grundsatzhaltung der offenen Arbeit: Kein Kind wird in seinem Spiel unterbrochen, weil die Erzieherin dies festlegt. Angebote haben einen einladenden und auffordernden Charakter, der in dem Kind die Lust wecken sollte, daran teilzunehmen.
Auch Musikrichtungen sollten sich an den Interessen und Themen der Kinder orientieren, indem zum Beispiel das Ritterspiel oder der Zirkus musikalisch aufgegriffen werden. Fußballfans unter den Kindern singen oft schon das Lied ihres Vereins und haben Freude daran, es auch musikalisch zu begleiten. Musikinstrumente können kreativ im Atelier gebastelt und dann im Musikraum angeboten werden. Da Kinder heute kaum noch Berührung mit klassischer Musik haben, sollte auch diese Musikrichtung den Kindern als Impuls nähergebracht werden. Musik sollte einladen, schöpferisch aktiv zu werden – von der Idee bis zur Umsetzung.
Bei Angeboten und Räumen für nur wenige Kinder spielt die personelle Besetzung eine große Rolle. Bei Personalmangel können kleine Räume oft nicht besetzt werden und es kann kein Angebot stattfinden. Die Fachkraft für Musik sollte sich flexibel darauf einstellen, dass ihr Bildungsbereich nicht immer im Bildungsraum gelebt werden kann.

Was gehört in einen Musikraum?

Oft wundert sich das Team, was alles an Instrumenten im Haus ist, wenn man es zusammenträgt. Die Musikinstrumente sollten strukturiert und übersichtlich präsentiert werden und es sollte keine überfüllten Regale oder Kisten geben. Ein Lagerbereich wäre hier optimal. Auch eine Art Lernwerkstatt mit aktuellen Projekten oder freiem Zugang für die Kinder bietet sich im Musikraum an.

Folgende Materialien sollten im Musikraum enthalten sein:

- Orff-Instrumente
- Xylofone
- einzelne Xylofon-Klangstäbe
- Klangröhren
- Trommeln
- Trommelhocker
- Ukulele oder Gitarre
- Fingerklavier
- Kazoos (Membranofone)
- Klavier
- Liederbücher
- CD-Player
- evtl. Karaoke-Mikrofon
- Hocker (Stühle eignen sich zum Musizieren nicht so gut)

3.9 Der Forscherraum

Kindergärten sind heute Orte, die es Kindern ermöglichen, zu forschen und zu entdecken. Eine lernanregende Umgebung regt sie dazu an, Lösungen für ihre Fragen zu finden. Daher sollten alle Räume so gestaltet sein, dass sie die Kinder einladen, aktiv zu werden, sich wohlzufühlen und zu engagieren. Der Forscherraum oder – in kleineren Kitas – die Forscher-Ecke bzw. der Forscher-Tisch sollte den Kindern Material anbieten, das sie physikalische Zusammenhänge erfahren und erkennen lässt. Kinder sind aktive und kompetente Lerner, die mit Material frei experimentieren und für sie neue Erkenntnisse festigen, indem sie Handlungen wiederholen. Auch ein „richtiger" Wissenschaftler wiederholt einen Versuch viele Male, bevor er eine Gesetzmäßigkeit daraus ableitet. Kinder machen intuitiv das Gleiche. Wenn sie dann noch die Möglichkeit haben, dies gemeinsam mit anderen Kindern zu tun und sich darüber auszutauschen, festigt sich ihr Wissen. Im besten Fall bietet das Material die Möglichkeit, weitere Varianten über die Funktion des Materials hinaus zu entwickeln oder das neue Wissen zu differenzieren. Material, das es ihnen ermöglicht, selbst aktiv zu sein und eigene Wege zu entdecken, „lässt die Elefanten rennen". Die Erzieherin kann hier Impusle anbieten, sollte sich aber als Ko-Konstrukteur verstehen, der in erster Linie Themen und Ideen der Kinder aufgreift. Zusätzlich kann sie wichtige Themen wie *Elektrizität, Wind* etc. durch Impulse anbieten, die Umsetzung sollte aber mit größtmöglicher Eigenaktivität des Kindes erfolgen.

Forschen an Aktionstabletts

> **Praxistipp: Aktionstabletts**
> Aktionstabletts können leicht selbst hergestellt werden. Viele Ideen und kostengünstige Anregungen zeige ich in dem Video-Clip „Aktionstabletts" auf meinem Youtube-Kanal: *http://t1p.de/snob*
> Einfach mal reinklicken!

Auf kleinstem Raum können Aktionstabletts die Kinder zum Experimentieren einladen. Sie eignen sich für viele Themen der Kinder, wie zum Beispiel Schütten, Sortieren und Zuordnen. Besonders Kinder im Alter von 2–3 Jahren möchten unbedingt lernen, selbstständig ihre Milch oder ihr Wasser einzuschütten. Solche lebenspraktischen Fähigkeiten können gut an Aktionstabletts geübt werden. Ob mit feinem Sand, Grieß oder Wasser – jedes Material hat seine eigenen Fließeigenschaften und lädt zum Entdecken ein. Die Idee der Aktionstabletts kommt aus der Montessori-Pädagogik. Maria Montessori spricht beim Einsatz der Tabletts von der *Isolation der Sinne.* Das bedeutet, dass sich das Kind auf eine Sache konzentrieren kann, denn der Rahmen des Tabletts hilft dem Kind, sich auf das Material zu fokussieren. Des Weiteren war es Maria Montessori wichtig, dass Kinder die Gelegenheit bekommen, ihre Beobachtungen des Alltags mit Alltagsmaterial aufzugreifen und zu üben. Das Material auf den Aktionstabletts knüpft an die Themen der Kinder an und bietet ihnen die Möglichkeit, selbstständig aktiv zu werden. Es greift die Entwicklungsthemen der Kinder auf und kann im Schwierigkeitsgrad variiert werden. Die Erzieherin sollte also zunächst die Kinder beobachten, um deren Themen zu finden. Anschließend gestaltet sie bestenfalls mit ihnen gemeinsam ein Aktionstablett und beobachtet weiter, wie das Material genutzt wird, um es gegebenenfalls zu reduzieren, zu erweitern oder zu variieren. Diese Weiterentwicklung kann sich auf kognitives oder motorisches Lernen beziehen oder die Sinneswahrnehmung fördern – je nach aktuellem Thema der Kinder.

Forschen in Aktionswannen

Für die Sinneswahrnehmung im U3-Bereich eignen sich Aktionswannen besonders gut. Hier kann in Bodennähe Material angeboten werden, in das sich die Kinder auch hineinsetzen dürfen. Gut eignet sich zum Beispiel eine Wanne mit Kastanien sowie Gefäßen und Röhren, durch oder in die das Material geschüttet werden kann.

Leuchttisch mit Spiegel

Ein besonderer Reiz geht von einem Leuchttisch mit Spiegel und Experimentiermaterial aus. Das Licht ist für die Kinder sehr reizvoll und lässt so manches Material im wahrsten Sinne des Wortes „in einem anderen Licht erscheinen". Spiegel, wie sie auch in der Reggio-Pädagogik eingesetzt werden, zeigen dem Kind sein Tun, bestätigen es und ermöglichen ihm einen Blick aus einer anderen Perspektive.

Wo kann Forschen angeboten werden?

Oft fragt ein Team, wo sich das Thema *Forschen* am besten zuordnen oder einrichten lässt. Grundsätzlich gilt auch hier: Forschen gehört zum pädagogischen Alltag und findet permanent statt. Spezielles Forschermaterial sollte konzentriert an einem Ort angeboten werden, entweder an einem Forschertisch, auf einem Rollwagen im Flur oder in einem eigenen Raum, der vom Team oder von den Kindern auch einen eigenen Namen erhalten kann.

Lernwerkstatt oder Werkstattraum?

In Bezug auf den Bereich *Forschen* ist es sinnvoll, sich mit dem Thema *Lernwerkstatt* bzw. *Werkstattraum* auseinanderzusetzen. Eine Lernwerkstatt bietet themenzentriert Lernen durch Selbstwirksamkeit an, ob als Wortwerkstatt im oder neben dem Atelier oder als Mathewerkstatt verbunden mit den Themen *Bauen* oder *Wiegen und Messen.* In einer Lernwerkstatt bietet jedes Material einen anderen Lernanlass und fordert zu einer intensiven Auseinandersetzung damit auf. Aus einer kleinen Forscherecke kann sich eine differenzierte Lernwerkstatt entwickeln und aus einer Lernwerkstatt kann ein ganzer Raum werden. Die Interessen der Kinder sind ausschlaggebend für das Material, das zum Einsatz kommt. Eine Zeitlang steht vielleicht das Thema „Magnetismus" im Vordergrund, danach die Eisbecher oder Konservendosen aus der Mathewerkstatt. Wichtig ist, dass gerade dieser Bereich eine Struktur mit Regalen und Arbeitsflächen bietet, aber in seiner Bestückung vollkommen offen für die Themen der Kinder ist.
In größeren Kitas, in denen es mehr als vier Gruppenräume gibt, kann ein ganzer Raum zum Werkstattraum werden. Damit ist kein Raum mit Werkbänken gemeint, sondern mit klar gegliederten Arbeitsbereichen, die zum Forschen, Staunen und Experimentieren einladen.
Letztendlich sind in der offenen Arbeit alle Räume geprägt von der lernenden Auseinandersetzung in verschiedenen Bildungsbereichen. Der Grundgedanke, eine Werkstatt für die Kinder zu sein, sollte die Basis für jede Raumgestaltung sein. So kann die offene Kita zu einem Haus voller Werkstatträume werden.

Das Material

Das Material sollte übersichtlich, strukturiert und themenorientiert in transparenten Kisten oder Körben in offenen Regalen angeboten werden. Die Kinder können entweder auf Tabletts oder frei auf dem Tisch damit arbeiten. Auch hier bestimmen Entwicklungsthemen und Wünsche der Kinder die Inhalte der Kisten.

Mögliche Grundausstattung des Forscherraums:

- Lupen
- Lupengläser
- Mikroskope
- digitale Mikroskope für Tablets oder Laptops
- Licht (Schreibtischlampe)
- Lichtboard / Leuchttisch / Overheadprojektor
- Pinzetten
- Tücher
- Setzkästen und Schalen zum Sortieren und Ordnen
- transparente Behälter in verschiedenen Größen
- Ferngläser am Fenster
- alte Aquarien
- kleine Siebe
- Pipetten oder Apothekerfläschchen
- Reagenzgläser aus Kunststoff mit Halterung
- Stößel und Schale
- kleine Flaschen zum Abfüllen (z. B. Behälter von Joghurtgetränken)
- kleine Antirutschmatten mit Noppen zum Befüllen
- Filtertüten
- leere Marmeladen- oder Babynahrungsgläser
- unterschiedliche Waagen und Materialien zum Wiegen
- Maßbänder und Zollstöcke
- verschieden gewölbte Spiegel
- Kosmetik-Vergrößerungsspiegel
- Stifte und Zettel zum Abmalen oder Kennzeichnen
- kleine Fotos der Kinder, die sie zu ihrer Sammlung oder „Forschung" legen können
- Bücher oder Wissenskarten
- Kamera
- Informationswand und kleine Regalleisten zum Ausstellen von Forschungsergebnissen oder Beobachtungen
- Setzkästen mit unterschiedlichen Steinen, Schneckenhäusern oder Muscheln

Mögliche Themen und Materialien im Forscherraum:

Die Natur

- Steine
- Muscheln
- Stöckchen
- getrocknete Früchte und passendes Bildmaterial
- gesammelte Naturmaterialien aus dem Außengelände oder vom letztem Spaziergang
- leere Vogelnester
- Modelle, die die Wachstumsphasen von Pflanzen zeigen

Insekten

- Beobachtungsgläser
- Regenwurmkasten
- Insektenmodelle
- Bienenwaben
- Vorlagen zum Abpausen von Insekten
- Informationsmaterial

Der Mensch

- Torso zum Auseinandernehmen
- Röntgenbilder auf dem Leuchttisch
- Kunststoffknochen oder Gelenke
- eigenes Haar unter dem Mikroskop betrachten

Elektrizität

- Experimentierkasten „Strom“
- Kabel, Klemmen, Batterien
- Glühbirnchen, Klingel etc.

Mathematik

- leere Konservendosen
- Eisbecher
- Joghurtbecher
- dicke Pappröhren in verschiedenen Durchmessern und Größen
- Waage und Material zum Wiegen
- gleiches Material in großer Menge, zum Beispiel Würfel oder Wäscheklammern
- Zählstäbe
- Hunderterbrett
- geometrische Körper
- lange Lineale
- Dinge zum Zählen und Sortieren
  (Dinge nach Merkmalen zu sortieren, ist eine Vorläuferfertigkeit für Mathematik.)
- Schwämme zum Legen und Anordnen

3.10 Regelspiele

Kinder spielen sehr gern Regelspiele, denn hier können sie ihre Kompetenzen wie Farben erkennen und Würfelaugen zählen sowie ihr Regelverständnis einbringen. Häufig sind Regelspiele ansprechend gestaltet und besitzen einen hohen Aufforderungscharakter. Außerdem bindet ein Spiel andere Kinder oder die Erzieherin für einen festen Zeitraum mit ein. Kinder lernen, Regeln zu akzeptieren und anzuwenden und insbesondere die 4–5-Jährigen treten gern in einen Wettkampf miteinander, denn für sie zählt das Gewinnen. Aber auch das Gewinnen und Verlieren muss gelernt werden, weshalb den Regelspielen im Kindergarten eine besondere Bedeutung zukommt, denn zu Hause in den Familien wird immer seltener gemeinsam gespielt. Oft lassen Eltern ihre Kinder auch zu häufig gewinnen, wodurch diese das Verlieren nicht lernen.

Wo gehören Regelspiele hin?

Welchem Bildungsraum können Regelspiele zugeordnet werden? Benötigen sie überhaupt einen eigenen Raum? Dieser bietet zwar die Möglichkeit zum konzentrierten Spiel, birgt aber auch die Gefahr, dass er bei Personalmangel nicht besetzt werden kann. Es ist grundsätzlich schwierig, mit Kindern konsequent ein Spiel zu spielen, wenn keine Kollegin da ist, die einem den Rücken freihält.

Flexibel und begleitet

Deshalb sollten Spiele, die die Kinder selbstständig spielen können, zur freien Verfügung stehen – zum Beispiel auf Tischen im Flur oder in Regalen neben Bodenspieltischen in der Nähe des Rollenspielbereichs. Spiele, die das Mitspielen einer Erzieherin erfordern oder bei denen der Umgang mit dem Material sehr aufwendig ist, sollten nur dann angeboten werden, wenn die Unterstützung auch erfolgen kann. Eine flexible Möglichkeit ist es, ein „Spielmobil“ anzubieten. Dies ist ein (Roll-)Wagen, auf dem sich die Spiele befinden. Dieser kann situationsorientiert eingesetzt werden.

3.11 Handarbeit

Handarbeit ist für Kinder wichtig

Handarbeit ist ein interessantes Thema für Kinder. Sie erleben Selbstwirksamkeit, wenn sie weben, sticken, stricken oder flechten. Sie müssen sich während der Handarbeit oft in Geduld und Frustrationstoleranz üben und sind auch deshalb besonders stolz auf ihr Ergebnis. Diese Tätigkeiten fördern die Feinmotorik und das mathematisch-logische Denken, denn es müssen Längen abgeschätzt und eingeteilt sowie Abstände genau erkannt werden. Wenn dieser Bereich attraktiv gestaltet ist und den Kindern viel Entscheidungsfreiraum dahingehend bietet, was sie wie anfertigen wollen, ist er sehr beliebt bei Jungen und Mädchen. Wenn jüngere Kinder Unterstützung benötigen, können ältere Kinder ihnen helfen. Bei Projekten wie Auftritten auf der Show-Bühne denken sich die Kinder in unserer Kita ihre Kostüme selbst aus und fertigen sie eigenständig an. Mal wird genäht oder geklebt, mal verziert und bemalt, aber immer erfolgt dies nach eigenen Ideen. Dieser Bildungsbereich lässt sich gut mit den Regelspielen und / oder den Experimenten in einem größeren Raum kombinieren.

Materialien für eine Handarbeitsecke:

- Wolle in unterschiedlichen Stärken und Farben (Damit Ordnung und Struktur gewährleistet werden, empfiehlt es sich, die Wolle einzeln in Plastikbehältern wie z. B. Tomateneimern anzubieten. Durch ein Loch im Deckel kann der Faden abgerollt werden.)
- Webrahmen
- Stickkarten
- Blanko-Stickkarten, um ein eigenes Motiv zu skizzieren
- Kinderstricknadeln (aus Holz, zum Umwickeln)
- Strickliesel
- Nadeln in allen Größen und Variationen
- diverse Knöpfe
- Perlen und Glitzersteine zum Verzieren
- Fransen und Kordeln
- Pompon-Schablonen
- Kleiderbügel mit Wolle in drei Farbsträngen (zum Flechtenlernen)
- Wolle zum Filzen
- Stoffe aller Art
- Stoffmusterbücher von Raumausstattern
- Stoffkleber
- ggf. eine Kindernähmaschine
- Handarbeitsbücher und -hefte für Kinder

Nähwerkstatt

Die Technik macht es möglich, eine Nähwerkstatt in der Kita zu etablieren. Denn es gibt Kindernähmaschinen, an denen sich die Kinder nicht verletzen können. So eine Maschine fasziniert die Kinder und gemeinsam lassen sich Taschen, Röcke und viele andere Dinge nähen.

3.12 Die Bibliothek

Raum und Zeit für Geschichten

Bilderbücher sind ein fester Bestandteil in jeder Kita. Auf dem Weg zur offenen Arbeit sollte sich das Team mit der Frage auseinandersetzen, ob es einen eigenen Raum für Bücher und Medien geben soll oder ob die Bücher in einem anderen Bildungsraum mit angeboten werden sollen. Vorrausetzung ist auch hier wieder die Raum- und Personalressource. Der Vorteil eines eigenen Raumes liegt darin, dass hier ungestört vorgelesen werden kann und mehr Bilderbücher in Blickhöhe der Kinder präsentiert werden können. Mit zusätzlichem Elternengagement kann aus diesem Bildungsraum eine Bücherei mit Ausleihe entstehen.

Digitale Medien

Im digitalen Zeitalter bietet es sich an, in der Bibliothek einen Kinder-PC zu installieren oder den Raum als Aufbewahrungsort für Tablets zu verwenden, die die Kinder nach Absprache nutzen dürfen. Auf diesen können die Kinder Sprachförder- und Klatschspiele spielen, denn dies bereitet den Kindern nicht nur Freude, sondern fördert sie auch. Der Umgang mit Tablets sollte jedoch sorgsam überlegt und die Regeln sollten gemeinsam mit den Kindern entwickelt werden. Eine zeitliche Begrenzung der Nutzung, zum Beispiel mit einer Eieruhr, macht ebenso Sinn wie eine persönliche Begleitung.

Materialien für die Bibliothek:

- Bilderbücher (nach Themen sortiert)
- Bücherregale in Kinderhöhe
- Regalfächer, die die Bilderbücher frontal präsentieren
- Bücherkisten zum Stöbern
- Kuscheltiere und Figuren aus der Kinderliteratur
- Tiptoi®-Bücher mit festem Platz für den elektronischen Stift
- Hörbücher
- Sachbücher
- CD-Player für Hörbücher
- gemütliche Sitzmöglichkeit, die nicht zum Toben einlädt
- Tablet / Laptop / PC mit zum Beispiel sprachfördernden Spielen

Praxistipp: Platzhalter

„Wo habe ich das Buch doch gleich rausgezogen?" Bunte Platzhalter markieren die Stelle im Regalfach, wo das Buch gestanden hat. So lässt sich auch im Bücherregal kinderleicht Ordnung halten.

3.13 Das Außengelände

Das Außengelände als eigenen Bildungsbereich verstehen

Das Außengelände einer Kita ist oft der Lieblingsspielplatz der Kinder, da sie sich hier frei bewegen können und einen großen Aktionsradius haben. Auch hier gilt: „Lasst die Elefanten rennen!" Das Außengelände sollte die Themen der Kinder aufgreifen und sie anregen, aktiv zu spielen und sich handelnd mit ihrer Umwelt auseinanderzusetzen. Die Themen, die innen angeboten werden, können auch draußen als anregende Umgebung installiert werden. Das Thema *Bauen und Bewegung* kann beispielsweise durch eine Bewegungsbaustelle umgesetzt werden und der Bereich *Malen und kreatives Gestalten* mit Hilfe von Malwänden für Wasser und einen Tisch mit Naturmaterialien. Diese können von den Kindern gesammelt und sortiert werden.

Berg und Tal

Oft ist weniger mehr, d. h., es sollte auf große Spielgeräte, die nur ein Spiel zulassen, verzichtet werden. Stattdessen bietet sich eine interessante, naturnahe Gestaltung mit vielen Höhen und Tiefen, kleinen Hügeln und Mulden an.

Die Matscheküche

Das Rollenspiel kann in einer „Matscheküche" aufgegriffen werden. Hier sollten echte Materialien vorhanden sein, denn Kinder möchten in ihrem Spiel ernst genommen werden. Sie lieben es, in oder mit Matsche zu spielen. Im häuslichen Umfeld ist dies jedoch kaum noch möglich, darum ist die Kita als Ort des Entdeckens gefordert, Matsche-Ecken anzubieten. Oft suchen sich Kinder unter Büschen oder in entfernteren Ecken des Außengeländes selbst solche Stellen, an denen sie mit Erde statt mit Sand spielen können.

Die Wasserstelle

Der Zugang zu Wasser ist ein Muss und darf nicht von der Willkür der Erzieherinnen abhängen. Entweder gibt es eine flache Wasserstelle oder aber eine Pumpe oder kleine Auffangbehälter für Regenwasser wie Schälchen und Kindereimer. Kinder legen sich oft selbst solche Stellen an und sollten dabei unterstützt und nicht ausgebremst werden. Die Sorge der Erzieherinnen, dass die Eltern sich über dreckige Kinder beschweren, schränkt dieses Matschspiel leider häufig ein.

Insekten, Kräuter und Co.

Auf jeden Fall sollten gemeinsam mit den Kindern Beete für Kräuter und Gemüse angelegt sowie Obstbäume gepflanzt werden, die sie pflegen und deren Früchte sie ernten können.

Um Insekten zu beobachten, kann mit den Kindern ein Insektenhotel gebaut oder eine Ameisenbeobachtungsplatte in ein Beet gelegt werden. Dazu benötigt man eine Terrassenplatte und eine Acrylglasplatte in derselben Größe. Dann wird eine Ameisenstraße gesucht, die sich bestenfalls in einem Beet befindet. Auf diese werden vorsichtig die beiden Platten gelegt – erst die Acrylglasplatte, dann die Terrassenplatte. Hebt man die Terrassenplatte nach einigen Tagen oder Wochen an, kann man die Ameisenstraße gut beobachten.

Es gibt zahlreiche Möglichkeiten, im Außengelände alle Bildungsbereiche anzubieten, immer offen, einladend und zugänglich für die Kinder.

Einige Anregungen für das Außengelände

Materialien für eine Bewegungsbaustelle:

- Bretter und Hölzer / Balken in verschiedenen Größen und Längen
- Getränkekästen
- stabile Kunststoffkisten
- Autoreifen

- Rundhölzer
- Baumstämme / dicke Äste
- Baumscheiben
- Rohre in verschiedenen Größen

Praxistipp: Stiefelauszieher

Selbstständigkeit beim An- und Ausziehen ist ein tägliches pädagogisches Ziel. Das Ausziehen der Gummistiefel und Schuhe wird mit diesem Stiefelauszieher kinderleicht! Je zwei Kinder können sich ihre Stiefel ohne Hilfe und im Stehen ausziehen.

Materialien für die Matscheküche:

- alte Bank oder aus Paletten gebaute „Küche“
- evtl. alter Herd mit Backofen
- echte Töpfe, Pfannen, Kochgeschirr
- Schneebesen, Schöpfkellen, Spülbürsten etc.
- Stangen zum Aufhängen der Materialien
- Eimer oder Gießkanne mit Wasser oder eine Wasserstelle
- Behälter für Erde
- Kindertisch mit Stühlen

4. Schritt: Stammgruppen und Fachfrauen

Stammgruppen: ja oder nein?

Bei der Frage, ob Stammgruppen ganz aufgelöst werden sollen oder nicht, entstehen häufig heftige Diskussionen. Diese Auseinandersetzung ist auch wichtig und entscheidend für den weiteren Prozess. Das Auflösen von Stammgruppen bedeutet für die meisten Erzieherinnen die Aufgabe von Gewohnheiten. Sie haben dann nicht mehr ihre Gruppe, ihren Raum, ihre Kinder, Eltern und Kolleginnen. Diese Planung stellt alte Handlungsmuster auf den Kopf und verlangt einen großen inneren Schritt von jedem im Team. Die Veränderungen der Räumlichkeiten sind äußere und sichtbare Veränderungen, die Auflösung von Stammgruppen dagegen verlangt neben der strukturellen insbesondere eine innere Veränderung. Das Loslassen fällt vielen Erzieherinnen schwer, denn sie fühlen sich verantwortlich für ihre Gruppe, Kinder und Eltern. Das Selbstverständnis wird in Frage gestellt und von jedem Einzelnen wird gefordert, eine neue Rolle für sich zu finden. Diese Verlustängste werden bei der Planung auf dem Weg zur offenen Arbeit fälschlicherweise oft auf die Kinder übertragen. So lautet die Argumentation dann wie folgt: „Aber die Kinder brauchen eine feste Gruppe.“ Tatsächlich sind es aber die Erzieherinnen, die sich nach festen Gruppen sehnen. Denn Kinder sind flexibel, offen und neugierig, sie orientieren sich meist schnell im offenen Konzept, denn es kommt ihrem Explorationsverhalten entgegen.

Mit diesen Fragen muss das Team sich auseinandersetzen und dazu ist es von Bedeutung zu wissen, welche Möglichkeiten es gibt, eine „Stammgruppe“ zu bewahren und welche Vor- und Nachteile dies hat. Die Erzieherinnen müssen sich auch darüber im Klaren sein, was es bedeutet, gänzlich offen zu arbeiten und Bezugserzieherin zu sein. Die folgende Tabelle (s. S. 46) gibt einen Überblick.

Ein Vergleich: Stammgruppe und Bezugserzieherin

Stammgruppe	Bezugserzieherin
Für die Verwaltung und Organisation gibt es klar geregelte Gruppen mit regelmäßigen Treffen.	Gruppen existieren zur Verwaltung nur „auf dem Papier".
Die feste Gruppenstruktur schränkt die Kinder in ihrer Entscheidungsfreiheit und in ihrer Wahl der Bezugsperson ein.	Der partizipative Grundgedanke der offenen Arbeit wird klar umgesetzt, die Kinder entscheiden, wann sie zu welcher Gruppe gehören; bestenfalls können sie ihre Bezugserzieherin wechseln.
Das entstehende Gruppengefühl ist fremdbestimmt.	In unterschiedlichen Kleingruppen, zum Beispiel in Spielkonstellationen, Interessen- oder Projektgruppen, entsteht ein individuelles Gruppengefühl.
Der Morgenkreis findet immer für die gleichen Kinder im gleichen Raum statt, was am Anfang eine klare Orientierung und Sicherheit gibt.	Es ist die Entscheidung der Kinder, wann sie an welchem Morgenkreis teilnehmen. Sie sind für sich verantwortlich und brauchen anfangs Unterstützung, um sich zurechtzufinden.
Bildungsdokumentationen / Portfolioarbeit und Elterngespräche werden unter den Erzieherinnen der Stammgruppe aufgeteilt.	Bezugserzieherinnen sind für die Bildungsdokumentationen und die Elterngespräche verantwortlich.
Vorsicht, Falle: Stammgruppen verleiten dazu, altes Denken wie „meine Gruppe – meine Kinder" zu behalten.	Um als Bezugserzieherin zu arbeiten, ist die innere Offenheit und Überzeugung notwendig, dass der Beziehungsaufbau zum Kind nicht von einer festen Gruppenzugehörigkeit abhängt, sondern sich als individuelles Angebot gestaltet.
Das Beibehalten von Stammgruppen kann ein sanfterer Schritt für das Team auf dem Weg zur Öffnung sein. Im ständigen Reflexionsprozess kommt die Frage nach der Art der Gruppen früher oder später wieder auf und kann mit neuen Erfahrungen anders beantwortet werden. Manchmal macht es Sinn, sich hier noch Zeit zu geben.	Als Bezugserzieherin wird der Blick schneller und direkter auf das Kind mit seinen Bedürfnissen gelenkt. Eine innere Offenheit lässt zu, dass die Kinder sich selbst Bezugspersonen suchen können und die Erzieherinnen flexibel darauf reagieren.

Transparenz für Eltern

Wer Stammgruppen behält, muss auf dem Weg zur offenen Arbeit zunächst weniger verändern. Zudem ist klar geregelt, welches Kind strukturell und bei gewissen organisatorischen Abläufen wie Spiel- oder Gesprächskreisen, dem An- und Ausziehen usw. wohin „gehört“. Auch für die Eltern ist die Umstellung unter Beibehaltung der Stammgruppen leichter, weil ein vertrauter Rahmen zur Orientierung bleibt. Hier kann aus den Ressourcen der festen Gruppenarbeit geschöpft werden. Die Umstellung auf Bezugserzieherinnen erfordert strukturelle Veränderungen, damit sich Kinder und Eltern zurechtfinden. Eine erste Einteilung auf die Bezugserzieherin erfolgt in der Aufnahmephase und den Aufnahmegesprächen. Den Eltern wird das offene System erklärt. Wenn ihr Kind seinen ersten Kita-Tag hat, sollte es wichtige Bereiche visualisiert vorfinden. Dies kann zum Beispiel durch Fotos der Bezugserzieherin und ihrer Bezugskinder im Eingangsbereich neben der Informationswand geschehen.

Absprache und Flexibilität in der Eingewöhnung

Die Eingewöhnung erfolgt sowohl bei Stammgruppen als auch bei Bezugserzieherinnen auf der Beziehungsebene wie bisher. Der einzige Unterschied zum geschlossenen Konzept ist, dass der Radius größer wird. Die Gruppen- oder Bezugserzieherin begleitet das Kind unter Einbeziehung der Eltern auf seinem Weg, sich mit der Kita und den anderen Kindern vertraut zu machen. Die Eingewöhnungsphase erfordert viel Absprache und Flexibilität, denn es gilt, den Spagat zwischen der Präsenz der Erzieherin im Bildungsraum und der individuellen Begleitung der neuen Kinder durch andere Räume zu schaffen.

Einmal Fachfrau, immer Fachfrau?

Die Entscheidung für Stammgruppen bewirkt meistens auch, dass Erzieherinnen sich für ein Jahr an einen Bildungsraum binden. Aber auch unabhängig von der Struktur der Stammgruppe gibt es Teams, die sich für das „Fachfrauen-Prinzip“, also für feste Erzieherinnen in den Bildungsräumen, entscheiden. Das hat den Vorteil, dass sich jeder intensiv mit dem jeweiligen Bildungsbereich auseinandersetzen und sein Wissen vertiefen kann. Verantwortlichkeiten und Ansprechpartner für Räume und Material sind so geklärt und diese Vorgehensweise bringt Ruhe in den Prozess der Umsetzung, was verunsicherten Erzieherinnen Sicherheit gibt.

Der Nachteil im „Fachfrauen-Prinzip“ liegt darin, dass in den seltensten Fällen alle Mitarbeiter in dem Bereich landen, der ihren Wünschen entspricht. Und wer unmotiviert im Bauraum arbeitet, wird dort weit weniger Bildungsprozesse anregen als jemand, der sich für das Bauen begeistert.

Bildungsräume wechseln

„Für immer“ an einen Raum gebunden zu sein, schreckt viele Erzieherinnen von der offenen Arbeit ab. Denn sie sind oft vielseitig talentiert und ein Wechsel in andere Bildungsräume ermöglicht individuelle Veränderung. Um diesem Nachteil entgegenzuwirken, haben einige Kitas Fachkräftewechsel im Rotationsverfahren eingeführt. Der Zeitpunkt des Wechsels kann variieren: Es gibt Teams, die alle zwei Wochen, monatlich oder drei bis vier Mal im Jahr die Fachkräfte in den Bildungsräumen wechseln. Es gibt auch die Möglichkeit, bestimmte Bildungsräume, zum Beispiel die Turnhalle oder das Außengelände, aus der festen Belegung herauszunehmen und hier die Möglichkeit zu schaffen, die Verantwortlichen tageweise einzuteilen.

Um innerhalb eines Bildungsraumes Impulse und Angebote zu gestalten, braucht es klare Absprachen. Hier bewährt sich das System „feste und bewegliche Erzieherin“. Die feste, also die im

Angebot „festsitzende“ Erzieherin, sollte sich auf die Kinder, die an ihrem Angebot teilnehmen, konzentrieren und möglichst ohne Störung und Unterbrechung individuelle Bildungsprozesse begleiten. Dazu braucht sie aber jemand, der ihr „den Rücken freihält“. Das ist die bewegliche Erzieherin, die sich um das Gruppengeschehen, um „Pipihosen und Rotznasen“ kümmert. Diese Rollen werden individuell abgesprochen und sind veränderbar. Bei Personalmangel erklärt es sich von selbst, dass kein Angebot stattfinden kann. Impulse, die keine enge Begleitung erfordern, können trotzdem gesetzt werden. Wer welche Rolle übernimmt, kann täglich neu abgesprochen werden.

Jede Leitung sollte für sich entscheiden, ob es eine feste „Verweilgrenze“ in einem Raum gibt oder nicht. Ein Wechsel zum neuen Kindergartenjahr sollte aber allen offenstehen. Ein schnell aufeinanderfolgender Fachkräfte-Wechsel in den Bildungsräumen bringt oft Unruhe für das Team, die Kinder und die Eltern. Daher sollte er gut durchdacht und mit Bedacht gewählt sein. Auch birgt ein solcher Wechsel die Gefahr, dass die Erzieherinnen das Gefühl haben, nicht wirklich für einen Raum bzw. für einen Bildungsbereich verantwortlich zu sein. Die Arbeit wird dann oberflächlich und Bildungsprozesse können nicht immer intensiv begleitet werden.

Es empfiehlt sich, den Bildungsbereich nicht häufiger als 2–3 Mal im Jahr zu wechseln. Der Wechsel sollte zeitlich gut geplant sein und beispielsweise jährlich zum 01.04. und zum 01.12. erfolgen. Bereits einige Wochen vorher sollte er als Tagesordnungspunkt in einer Teamsitzung besprochen werden. Dabei sollten folgende Fragen geklärt werden:

- „Wer möchte wohin wechseln?“
- „Wer möchte nicht wechseln und kann das pädagogisch begründen?“

Es sollte deutlich gemacht werden, dass nicht beide Fachfrauen eines Bildungsraumes den Raum wechseln müssen. Stattdessen besteht hier die Chance, sich mit einer anderen Kollegin zusammenzufinden. Die Nestgruppe ist aufgrund der intensiven Bindungsarbeit vom unterjährigen Wechsel meist ausgenommen. Grundsätzlich ist es wichtig, Fachfrau für einen Bereich, aber überall fachlich gut einsetzbar zu sein.

Oft verändert sich schon durch Personalausfall viel, was das Team an seine Belastungsgrenze bringen kann. Dies kann den Rhythmus des Wechsels beeinflussen. Hier ist es wichtig, das Team und die einzelnen Mitarbeiter gut im Blick zu haben und in Partizipation Lösungen zu entwickeln.

Übergabekultur

Damit die Qualität des Bildungsraumes bei einem Fachkräfte-Wechsel erhalten bleibt, muss eine Übergabekultur entwickelt werden. Folgende Punkte können dem Team während der Vorbereitungszeit und der Übergabe als Orientierung dienen:

- fester Zeitplan für den Wechsel mit genügend Vorlaufzeit und Besprechungen in Teamsitzungen
- Vorbereitungszeit für den Austausch zwischen den wechselnden Erzieherinnen
- Welche Raumregeln wurden entwickelt?
- Abgleich der Haltung der Erzieherinnen, zum Beispiel darüber, wie selbstständig die Kinder im Raum mit den Materialien agieren
- Wie sieht die Struktur / Ordnung und Organisation im Raum aus? Wo liegen Materialien, wo gibt es Ersatz oder Zusatzmaterial?
- Welche Themen / Ziele / Interessen sind im Raum gerade aktuell?

- Kinder und Eltern zeitig über den Wechsel informieren
- Kinder in den Wechsel miteinbeziehen: Was ist ihnen wichtig, wenn ab nächster Woche andere Erzieherinnen im Raum sind?
- Welche Kinder haben welche Impulse im Bildungsraum gesetzt oder diesen mitgestaltet? Gibt es Experten?
- Was hat in diesem Bildungsbereich gut funktioniert und weshalb? Hier sind Tipps für die nachfolgenden Erzieherinnen eine wertvolle Hilfe, damit Erfahrungen und Sichtweisen weitergegeben werden.

5. Schritt: Die Nestgruppe

Geschützt und dabei offen

Kinder unter drei Jahren brauchen im offenen Konzept einen ihren Bedürfnissen angepassten Rahmen. Auch sie sind Entdecker und wollen ihre Umgebung erforschen und erkunden. Für sie spielt die Beziehung zur Erzieherin aber eine deutlich größere Rolle als für Kinder über drei Jahren. Dennoch kann nicht pauschal am Alter festgemacht werden, bei welchem Kind die Beziehung zur Bezugserzieherin besonders wichtig ist. Denn die individuelle Entwicklung und der Charakter sind bei jedem Kind so unterschiedlich, dass genau beobachtet werden muss, was das jeweilige Kind gerade braucht. Grundsätzlich ist das offene Konzept individuell und inklusiv, was immer auch den Entwicklungsstand und die Lernausgangslage eines jeden Kindes berücksichtigt.

Die Startergruppe

Um Kindern von 0,4 – 3 Jahren einen geschützten Rahmen zu bieten, haben sich „Nestgruppen" bewährt. Ein Gruppenraum mit zwei Nebenräumen – einer zum Schlafen, einer zum Bewegen – ist für die Kinder überschaubar und gibt ihnen schnell Orientierung. Die konstante und begrenzte Kinderzahl hilft, mit allen Kindern vertraut zu werden und sich in die Gruppe einzuordnen. Für Kinder von 2 – 3 Jahren bietet sich eine „Starter-Gruppe" an. Ähnlich wie eine Nestgruppe bietet sie in der Eingewöhnungszeit Schutz, öffnet sich jedoch eher und integriert sich schon im Laufe eines Kita-Jahres voll in das offene Konzept. Die Startergruppe für Kinder ab zwei Jahren kann sich in einem Bildungsraum, zum Beispiel im Rollenspiel, befinden. Die einzugewöhnenden Kinder verbringen hier die ersten Wochen gemeinsam, bevor sich der Bildungsraum für die anderen Kinder der Kita ganz öffnet oder die jungen Kinder ausschwärmen. Es besteht trotzdem von Anfang an eine „Durchlässigkeit", eine Teilöffnung, damit sich Geschwisterkinder Halt geben oder ältere Kinder die Eingewöhnung unterstützen können. Denn Kinder spüren, wer ähnlich fühlt wie sie selbst. So werden die eigenen Gefühle im Eingewöhnungsprozess durch andere Kinder gespiegelt und geteilt. Die Kinder fixieren sich nicht auf eine Erzieherin, sondern erfahren durch die Anwesenheit der anderen Kinder Sicherheit. Das erleichtert die Öffnung, denn hier muss nicht unbedingt die Bezugserzieherin begleiten, sondern Geschwister oder andere Kinder können dies übernehmen.

Die Eingewöhnung

In der Zeit der Eingewöhnung ist die Tür zu den weiteren Räumen der Kita häufig noch geschlossen, allerdings sollte es zumindest eine Tür aus Glas oder ein bodentiefes Fenster in Richtung Flur geben. Dies ermöglicht es den U3-Kindern, das Geschehen in der Kita zu beobachten. Die Eingewöhnung kann nach dem *Berliner* oder *Münchener Eingewöhnungsmodell* erfolgen, wobei sich das Münchener Modell mehr an den Kompetenzen des Kindes orientiert und sich daher etwas besser für die offene Arbeit eignet. Das Berliner Modell gibt eine gute Orientierung, Flexibilität dazu muss aber selbst entwickelt werden.
Das *Berliner Eingewöhnungsmodell*[1] basiert auf der Bindungstheorie von John Bowlby. Bei diesem Modell spielen die unterschiedlichen Bindungsqualitäten, die das Kind an seine Mutter hat, eine große Rolle. Die Eingewöhnungszeit beträgt bei diesem Modell eine bis ca. drei Wochen. Das *Münchener Eingewöhnungsmodell*[2] von Prof. E. Kuno Beller sieht das Kind als kompetentes, individuelles Subjekt an, das seine Eingewöhnung aktiv mitgestaltet. Auch die Kindergartengruppe gestaltet die Eingewöhnung des neuen Kindes im Kindergartenalltag mit. Die Eingewöhnung unterteilt sich in die Etappen *Kennenlernen,* das *Erlangen von Sicherheit* und anschließendem *Vertrauen.* Die Eingewöhnungszeit dauert drei- bis vier Wochen.

Die Raumgestaltung

Der Nestgruppenraum unterscheidet sich deutlich von den anderen Bildungsräumen, obwohl auch er ein Bildungsraum ist, der Selbstbildungsprozesse anregen soll. Kinder unter drei Jahren haben einen großen Bewegungsdrang und brauchen Freiraum, Kletter- und Kriechmöglichkeiten, Höhlen und Verstecke. Besonders geeignet sind individuelle Einbauten, die auf verschiedenen Wegen in die Höhe gehen und den Kindern unterschiedlichste Raumerfahrungen ermöglichen. Dabei sollten sie von vielen Ecken aus einen Blick auf das Gruppengeschehen bieten.

Flexible Lernwerkstatt

In der Mitte des Raumes sollte eine flexible Lernwerkstatt Materialien anbieten, die den Themen der Kinder entsprechen. Dinge zum Hineinstecken und Herausziehen, zum Stapeln und Umwerfen, zum Zuordnen und Sortieren und vor allem Alltagsmaterialien eignen sich für diese Altersgruppe. Auch alle ungefährlichen Gegenstände aus der Küche sind beliebtes Spielmaterial. Wagen und Kartons zum Hineinsetzen und Transportieren greifen die Kompetenzen von U3-Kindern auf, „Experten für Transportwesen" zu sein. Denn sie wurden in ihrem Leben bisher permanent in unterschiedlichster Art und Weise transportiert. Diese Erfahrungen zeigen sie im Spiel und brauchen dementsprechend Material und Platz.

---

[1] Braukhane, K. & Knobeloch, J. (2011): Das Berliner Eingewöhnungsmodell – Theoretische Grundlagen und praktische Umsetzung. Verfügbar unter: *https://www.kita-fachtexte.de/uploads/media/KiTaFT_Braukhane_Knobeloch_2011.pdf* (letzter Abruf: 16.01.19).

[2] Winner, A. (2015): Das Münchener Eingewöhnungsmodell – Theorie und Praxis der Gestaltung des Übergangs von der Familie in die Kindertagesstätten. Verfügbar unter: *https://www.kita-fachtexte.de/uploads/media/KiTaFT_winner_2015.pdf* (letzter Abruf: 16.01.19).

Experimentieren und Selbstwirksamkeit erleben

Das Malen findet am liebsten auf dem Boden oder an der (Mal-)Wand statt. Auch ein niedriger Tisch wird gern genutzt. Hier ist Flexibilität gefordert: Mal wird großflächig Papier auf den Boden geklebt und die Kinder experimentieren, nur mit Windel bekleidet, mit Fingerfarben. Oder es genügt, verschiedene Stifte und Farben auf dem Tisch mit fest fixiertem Papier anzubieten. In diesem Alter geht es in erster Linie darum, Spuren zu hinterlassen und Selbstwirksamkeit zu erleben. Die Kinder hinterlassen auch gern farbige Spuren an sich selbst. Wenn sie diese in einem bodentiefen Spiegel im Raum betrachten können, werden Bildungsprozesse angeregt. Da das Mittagsessen meist auch in der Nestgruppe eingenommen wird, empfehlen sich Tische zum Ausklappen, die an der Wand befestigt sind. So bleibt im Freispiel genug Platz für Bewegung. Für das Mittagessen können die Tische heruntergeklappt werden. Die Kinder der Starter-Gruppe wechseln oft schon nach kurzer Zeit in das Bistro zu den anderen Kindern.

Der Nebenraum

Der Nebenraum soll viel Bewegung und Sinneserfahrungen ermöglichen. Hier können Ballons, leichte Bälle und Tücher in großen Kartons und Körben angeboten werden.

Der Schlafraum

Der Schlafraum soll den Kindern eigenständiges Handeln ermöglichen. Dies schließt Gitterbetten fast aus, es sei denn, eine Seite des Bettes ist offen. Bevorzugt sollten bodennahe Bettchen und Körbchen/Nester oder nur Matrazen angeboten werden. Kinder kuscheln sich manchmal gern aneinander, die Idee des Trennens ist ein Konstrukt der Erwachsenen. Der Raum sollte auch im Dunklen so ausgeleuchtet sein, dass die Kinder eigenständig aufstehen und hinausgehen können. Eigene Kuscheltiere und Decken oder Schlafsäcke von zu Hause geben Vertrautheit und Sicherheit.

Praxistipp: Fotos in Regalen

Aufräumen ist anstrengend, besonders, wenn man nicht weiß, was wohin gehört! Um Abhilfe zu schaffen, können Fotos in Regalen so aufgeklebt werden, dass sofort zu erkennen ist, wo ein Spielzeug hingehört. Anstatt den Auftrag zu erteilen, die Autos aufzuräumen, kann gefragt werden: „Wer hat das Auto gesehen? Hier ist noch ein Parkplatz frei.“ So macht das Aufräumen Spaß!

Der Waschraum der Nestgruppe

Im Waschraum wird nur bedarfsorientiert gewickelt, wenn das Kind es braucht und nicht, weil gerade Zeit dazu da ist. Auch der Waschraum sollte ein freier Spielort sein, denn Wasser fasziniert und ist ein enormes Lern- und Erfahrungsfeld für die Kinder. Das Duschbecken sollte bestenfalls so vergrößert werden, dass mehrere Kinder darin planschen können.

Draußen starten

Der Tagesablauf in der Nestgruppe sollte klar strukturiert sein, um den Kindern Orientierung zu geben. Aus einer Vorschule in Schweden habe ich den „Draußen-Start“ aufgegriffen. Da es sehr zeitaufwendig ist, die Kinder unter drei Jahren (wieder) anzuziehen, bietet es sich an, mit den Kindern bereits in voller „Montur“ im Außengelände zu starten. Die Kinder werden bei ihrer Ankunft in der Kita draußen der Erzieherin übergeben. Wir haben beobachtet, dass den Kindern die Trennung von ihren Eltern draußen leichterfällt, weil der Reiz, das Gelände zu erkunden, groß ist. Gerade Kinder mit großem Bewegungsdrang können sich draußen „auspowern“ und finden anschließend ruhiger und konzentrierter in ein Spiel.

Gemeinsames Frühstück

In der Nestgruppe wird meistens gemeinsam gefrühstückt, denn hat ein Kind einen Apfel oder ein Brot in der Hand, möchten die anderen Kinder meist auch etwas essen. Wer nicht mehr frühstücken möchte, darf sich schon ins Spiel begeben. Manche Kinder halten dann schon ihren ersten Schlaf, andere experiementieren in der Lernwerkstatt und wieder andere betrachten vielleicht gemeinsam mit der Erzieherin ein Bilderbuch.

Praxistipp: Podest unter Klapptisch

Lassen Sie unter einen Klapptisch ein Podest mit einer runden Aussparung bauen. Wenn der Tisch heruntergeklappt ist, geht er bis an den Rand des Podestes und die Pädagogin kann sich mit einem Stuhl so an den Tisch setzen, dass ihre Füße in die Aussparung am Podest gestellt werden. Da sie vor dem Podest sitzt, hat sie eine andere Sitzhöhe als die Kinder, deren Stühle auf dem Podest stehen. So kann sie mit geradem Rücken am Tisch sitzen.

Das Mittagessen

Das Mittagessen wird in der Nestgruppe früher serviert als bei den größeren Kindern, denn die Kleinen sind vom Vormittag schneller erschöpft. Nach dem Mittagessen schlafen die Kinder, die den Mittagsschlaf noch brauchen. Für die anderen Kindern steht die Nestgruppe zum freien Spiel zur Verfügung. Die Eltern werden über einen Aushang über die Schlafenszeiten ihres Kindes informiert. So können sie den restlichen Tagesablauf darauf einstellen. Wünsche der Eltern zum Schlafrhythmus der Kinder können besprochen, aber nicht immer umgesetzt werden. Hier sollte ebenfalls Partizipation gelebt werden: Die Kinder entscheiden, ob sie schlafen oder nicht. Im Laufe des frühen Nachmittags füllt sich der Spielraum in der Regel immer mehr und es kann ein kleiner Snack gereicht werden. Danach gehen die ersten Kinder mit einer Erzieherin in das Außengelände.

Öffnung der Nestgruppe

Nach der Eingewöhnungsphase sollte sich die Gruppentür öffnen und die U3-Kinder sollten die Möglichkeit bekommen auszuschwärmen und die Kita zu erkunden. Das erfordert individuelle Begleitung und klare Absprachen mit den Kolleginnen aus den anderen Bildungsräumen. Wenn viele kleine Kinder im Ü3-Bereich bleiben, bedeutet das auch, dass eine Nestgruppen-Erzieherin sich dort aufhält. Der Leitgedanke dabei ist: „Wir sind da, wo die Kinder sind.“

Individueller Zeitpunkt des Wechsels

Dies ist die Basis für den Übergang der U3-Kinder in den offenen Bereich. Der Wechsel aus der Nestgruppe in den Ü3-Bereich ergibt sich fast von selbst und muss nicht unbedingt an einem Stichtag erfolgen. Manche Kinder schaffen den Wechsel früher, andere später.

6. Schritt: Der Tagesablauf

Schluss mit dem Gruppendenken

Das offene Konzept erfordert zum gleichen Zeitraum offene Räume bzw. Türen. Das bedeutet, eine Gruppe bzw. Erzieherin eines Bildungsraumes kann nicht allein entscheiden, dass man heute wegen des schönen Wetters früher herausgeht. Denn dann würden Kinder unvermutet vor geschlossenen Türen stehen – und wer entscheidet überhaupt, welche Kinder wann mit hinausgehen? Dieses Beispiel zeigt, dass sich das Team auf einen gemeinsamen Tagesablauf verständigen muss. Auch diese Veränderung ist für Einzelne im Team ein großer Schritt, da sie seit vielen Jahren gewohnt sind, solche Entscheidungen gruppenintern zu treffen.

Tagesablauf auf dem Prüfstand

Es empfiehlt sich, den bisherigen Tagesablauf der verschiedenen Gruppen auf einem großen Plakat zu skizzieren. Wo gibt es Gemeinsamkeiten, wo werden Unterschiede gelebt? Welche Verbindlichkeiten will das Team? Die Tabelle (s. S. 53–55) veranschaulicht, was beispielsweise alles auf den Prüfstand gestellt werden kann. Es muss nicht alles verändert werden, aber es sollte zu allem eine Einigung erzielt werden.

Der Tagesablauf	
Frühdienstgruppe	Der Start in einer „Frühdienstgruppe“ muss neu überlegt werden. Eignet sich der bisherige Raum nach der Umstrukturierung noch? Dürfen Kinder im Außengelände starten?
Ab wann öffnen sich weitere Räume?	Die Klärung dieser Frage ist abhängig von der personellen Besetzung und der Raumlage: Liegt die Eingangstür zwischen den Räumen? Gibt es dort eine Aufsicht, zum Beispiel an der Rezeption oder im Flur?
Der Morgenkreis	Soll der Morgenkreis erhalten bleiben oder wegfallen? Dafür spricht, dass alle Kinder über den Tag und die Angebote informiert werden und eigene Bedarfe ansprechen können. Dagegen spricht, dass er viele Kinder aus ihrem Spielprozess herausreißt. Sollte es den Morgenkreis weiterhin geben, muss das Team sich auf eine gemeinsame Zeit und Länge verständigen.
Das Freispiel	Gibt es Angebote, Impulse oder Projekte, die zu festen Zeiten angeboten werden?
Draußen spielen	Ab wann dürfen Kinder hinaus? Muss immer auch eine Aufsicht dabei sein? Sollte es einen festen Zeitpunkt geben, an dem alle gemeinsam hinausgehen? Wann? Warum?

Aufräumen	Muss ein gemeinsames Aufräumen stattfinden? Oder kann es ein grobes Wegräumen sein und erst am Ende des Tages wird gründlich aufgeräumt?
Kreis vor dem Essen	Sollte vor dem Essen oder Hinausgehen ein Kreis für Gespräche und Singspiele angeboten werden, falls es keinen Morgenkreis gibt?
Erstes Abholen	Gibt es Kinder in der 25-Stunden-Betreuung, denen jetzt eine Abholung ermöglicht werden muss, ohne den Tagesablauf zu stören?
Mittagessen	Wie viele Kinder essen zu Mittag? In Schichten: Erfahrungsgemäß können bis zu drei Schichten für das Mittagessen angeboten werden. Dazu müssen folgende Fragen geklärt werden: Wie viele Kinder essen in einer Schicht? Dürfen die Kinder entscheiden, in welcher Schicht sie essen möchten? Die Einteilung orientiert sich nicht an der Gruppenzugehörigkeit, sondern an den Bedarfen der Kinder. Jüngere Kinder müssen etwas eher essen, ältere Kinder können oft noch etwas warten. Mögliche Zeiten sind: 1. Schicht: 11:45 Uhr – 12:30 Uhr 2. Schicht: 12.30 Uhr – 13:15 Uhr 3. Schicht: 13:15 Uhr – 14:00 Uhr In freier Zeiteinteilung: Es kann ein festes Zeitfenster, zum Beispiel von 11:45 Uhr bis 14:00 Uhr, festgelegt werden, in dem die Kinder im Bistro essen können. Ein Signal oder Lied informiert alle Kinder, dass ab jetzt das Mittagessen bereitsteht. Jedes Kind darf selbst entscheiden, wann es essen möchte. Wenn ein Kind fertig ist, räumt es seinen Teller ab, säubert seinen Platz und geht wieder in das Freispiel. So entsteht ein fließender Wechsel im Bistro.
Mittagsphase mit Pausen für die Erzieherinnen	Damit das Freispiel parallel zum Essen fortgesetzt werden kann, ist es notwendig, die personelle Besetzung genau zu planen: Wie viele Teilzeitkräfte gibt es? Wann machen die Vollzeitkräfte ihre Pausen?
Mittagsschlaf	Gibt es außer den Nestgruppenkindern noch Kinder, die ruhen oder schlafen? Bei Bedarf muss hier Raum und Personal eingeplant werden.
Freispiel und zweite Abholzeit	Gibt es Blockkinder, die um 14:00 Uhr abgeholt werden? Wie viele Kinder sind es? Wie muss das Aufräumen gestaltet werden? Gibt es auch Nachmittagsangebote, für die die Kinder sich entscheiden können?

Aufräumen und Nachmittagssnack, Abschlusskreis	Tageskinder brauchen auch nachmittags Obst oder einen kleinen Snack. Dieser kann zum Beispiel in Buffetform im Bistro während des Freispiels oder für alle nach dem gemeinsamen Aufräumen angeboten werden. Gibt es einen Abschlusskreis? Macht er Sinn?
Abholsituation und Freispiel draußen	Gehen am Nachmittag alle gemeinsam hinaus in das Außengelände? Können die Eltern ihre Kinder individuell abholen, drinnen wie draußen?
Spätdienst	Je nach Öffnungszeit ist diese Phase kürzer oder länger. Ähnlich wie im Frühdienst muss überlegt werden, welche Räume sich wozu eignen und wie viel Personal notwendig ist. Davon abhängig ist, wie viele Räume noch geöffnet sind.

Abwägen, was wichtiger ist

Die Klärung des Tagesablaufs beinhaltet viele inhaltliche Themen mit Werten und Erwartungen der einzelnen Teammitglieder und kann viel Zeit beanspruchen. Das Thema „(Morgen-)Kreise" ist oft brisant und sollte sensibel behandelt werden. Dabei muss jede Unterbrechung des Spiels der Kinder abgewägt werden: Was ist wichtiger – das Spiel oder unser Tagespunkt? Können die Kinder in diese Überlegungen mit einbezogen werden? Wie wichtig sind ihnen die Kreise?

Tagesablauf visualisieren

Wenn eine Tagesplanung steht, muss überlegt werden, wie sie verständlich visualisiert werden kann, damit die Kinder sich selbst orientieren können. Es ist zum Beispiel möglich, neben einer Uhr den Tagesablauf mit Bildern darzustellen und neue Abschnitte am Tag mit der Uhrzeit anzuzeigen. Ein Bilderrahmen zum Umklappen oder ein aufgestelltes Ringbuch eignet sich, um die aktuelle Phase, zum Beispiel das Frühstück, anzuzeigen. Durch Weiterblättern sehen die Kinder, welcher Tagesabschnitt als Nächstes kommt. Besonders Kinder, die viel Struktur für ihre Sicherheit brauchen, benötigen eine gute Visualisierung.

7. Schritt: Organisation

Dienstplangestaltung

Das offene Konzept erfordert insgesamt mehr Flexibilität vom Team und somit auch einen flexibleren Dienstplan. Dieser dient dem sicheren Ablauf des Betriebes und orientiert sich am Tagesablauf. Grundlage für die Planung ist die Frage: Wie viele Kinder sind wann im Haus? Danach wird geplant, wie viel Personal erforderlich ist. Hier zählen zunächst nicht die persönlichen Wünsche der Erzieherinnen, zum Beispiel nach Teilzeitarbeit nur am Vormittag.

Die Prioritäten sehen wie folgt aus:

1. Wie viele Kinder sind im Haus? So viel Personal brauchen wir!
2. Welche Phase des Tages benötigt wie viel Personal? Entsprechend werden Pausen und Vorbereitungszeiten eingeplant.
3. Wenn Kolleginnen in Vollzeit „lange Tage" haben, sollten sie auch für einen „kurzen Tag" mit nur sechs Stunden eingeplant werden, denn an diesem Tag benötigen sie keine Pause. Das Erleichtert die Organisation.
4. Können in Phasen wie der Eingewöhnung Überstunden gemacht werden, die im Laufe des Jahres wieder abgebaut werden können?
5. Gibt es persönliche Wünsche der Teammitglieder, die berücksichtigt werden können?

Faustregel bei der Dienstplangestaltung

Grundsätzlich gilt die Faustregel: Nur 80 % des Personals wird fest eingeplant, denn 20 % fehlen in der Regel durch Krankheit, Fortbildung oder Urlaub.

Personalausfall auffangen

Wenn Personal ausfällt, werden

1. Springer (aus den 20 %) eingesetzt,
2. Angebote nicht durchgeführt,
3. Räume geschlossen, was einer früheren Kinderzusammenlegung entspricht.

Aus dem Dienstplan wird ersichtlich, dass die Erzieherinnen im viertel- und halbstündlichen Rhythmus kommen und ihren Dienst ebenso beenden. Das herkömmliche System – eine Woche Frühdienst, eine Woche Spätdienst – ist überholt und passt nicht mehr zu den Anforderungen der heutigen Öffnungszeiten. Erweiterte Öffnungszeiten, das Selbstverständnis als Tagesstätte, in der Kinder den Tag über verweilen, und verschiedene Betreuungsmodelle erfordern einen flexiblen und individuellen Dienstplan, der bei Personalausfall leicht angepasst werden kann.

Jede Kollegin erhält im Dienstplan eine Spalte. Fällt sie durch Urlaub oder Erkrankung aus, werden aus der Spalte

Dienstplan – Ein Beispiel

Februar	Montag					
	Frau A	Frau B	Frau C	Frau D	Frau E	Frau F
7.15–7.30	0,25	0,25				
7.30–8.00	0,5	0,5			0,5	
8.00–8.30	0,5	0,5	0,5	0,5	0,5	0,5
8.30–9.00	0,5	0,5	0,5	0,5	0,5	0,5
9.00–9.30	0,5	0,5	0,5	0,5	0,5	0,5
9.30–10.00	0,5	0,5	0,5	0,5	0,5	0,5
10.00–10.30	0,5	0,5	0,5	0,5	0,5	0,5
10.30–11.00	0,5	0,5	0,5	0,5	0,5	0,5
11.00–11.30	0,5	0,5	0,5	0,5	0,5	0,5
11.30–12.00	0,5	0,5	0,5	0,5	0,5	0,5
12.00–12.30	0,5	0,5	0,5	0,5	0,5	0,5
12.30–13.00	0,5	0,5	0,5	0,5	0	0
13.00–13.30	0,5	0	0,5	0,5	0,5	0,5
13.30–14.00	0	0,5	0,5	0	0,5	0,5
14.00–14.30	0,5	0,5		0,5	0,5	0,5
14.30–15.00	0,5	0,5		0,5	0,5	0,5
15.00–15.30	0,5	0,5		0,5	0,5	0,5
15.30–16.00		0,5		0,5	0,5	0,5
16.00–16.30				0	0,5	0,5
Summe	7,75	8,25	6	7,5	8,5	8

ihre Stunden entfernt und ihre Kolleginnen können sehen, wo Lücken entstehen, die gefüllt werden müssen. So kann der Rezeptionsdienst morgens schon die Vertretung regeln und dem Team Änderungen mitteilen. Diese Dienstplangestaltung beinhaltet für jede Kollegin unterschiedliche Arbeitszeiten an den Wochentagen: mal kurz, mal lang. Der Plan gilt grundsätzlich für das ganze Kindergartenjahr, sodass sich jeder gut darauf einstellen kann. Eventuell verändert sich der Stundenumfang bei den Erzieherinnen aus der Nestgruppe nach der Eingewöhnung. Dann erfolgt eine Anpassung im Dienstplan. Diese Art des Dienstplans ermöglicht es, individuelle Stundenzahlen bedarfsorientiert zu integrieren. Wünsche von Kolleginnen, die zum Beispiel einen freien Nachmittag zur Pflege von Angehörigen brauchen oder durch eigene Kinder nicht an den äußeren Randzeiten arbeiten können, können ebenso berücksichtigt werden.

Raumbesetzung planen

Die Entscheidung des Teams, dass die Erzieherinnen für einen festgelegten Zeitraum in einem Bildungsbereich tätig sind, ermöglicht es trotzdem, diesen Bereich kurzfristig zu wechseln oder ein Angebot wie zum Beispiel eine Laternenwerkstatt mitzugestalten. Dies ist auch möglich, wenn man selbst beispielsweise für den Bauraum eingeplant ist.

Prioritäten setzen – Öffnung aller Bildungsbereiche so lange wie möglich!

Dieses Beispiel der Dienstplangestaltung (s. u.) zeigt, dass Petra, die für „Draußen" zuständig ist, am Montag und Dienstag durch Erkrankung ersetzt werden muss. Anne geht raus, sobald sie das Bistro schließt. Vorher ist dies nicht nötig, denn es ist schlechtes Wetter und die Turnhalle ist durch eine Fachkraft besetzt, wodurch die Kinder ein Bewegungsangebot haben. Am Dienstag ist gutes Wetter und Marion öffnet anstelle der Turnhalle das Außengelände. Am Mittwoch sind alle Mitarbeiter da und Kati tauscht für einen Tag mit Jenny, da diese mit einigen Bezugskindern Laternen basteln möchte. Am Donnerstag fehlen zwei Mitarbeiterinnen, wodurch kein Impuls stattfinden kann und die Turnhalle geschlossen bleibt. Bewegung ist draußen möglich. Am Freitag sind alle Mitarbeiterinnen im Haus und auch die Leitung kann einige ihrer 18 Fachkraft-Stunden im pädagogischen Alltag einsetzen. Dadurch sind alle Bildungsräume geöffnet und es können überall Impulse stattfinden.

Ein Beispiel: Dienstplangestaltung (Raumbesetzungsplan)

Räume	Montag	Dienstag	Mittwoch	Donnerstag	Freitag	Mitarbeiter
Atelier Impuls	Kati	Kati	Jenny	x	Kati	Kati
Atelier beweglich	Judith	Judith	Judith	Judith	Judith	Judith
Rollenspiel Impuls	x	x	x	x	*Anne	
Rollenspiel beweglich	Jenny	Jenny	Kati	Marion	Jenny	Jenny
Bauraum Impuls	x	x	x	x	Claudia	
Bistro	Anne	Anne	Anne	Anne	Anne	Anne
Turnhalle	Marion	x	Marion	x	Marion	Marion
Draußen	*Anne	Marion	Petra	Petra	Petra	Petra
Anmerkung*	*nach Bistro				*nach Bistro	Claudia (½ Leitung)
Krank/Fobi/etc.	Petra	Petra	x	Kati, Jenny	x	

Eine Pinnwand reicht

Die Organisation kann so gebündelt werden, dass sie Erleichterung für jedes Teammitglied bringt. Während bisher oft an jeder Gruppentür eine Pinnwand hing, genügt in der offenen Arbeit eine große Info-Wand im Eingangsbereich. So muss nicht jeder Aushang mehrmals ausgedruckt werden, denn wichtige Informationen für die Eltern werden zentral präsentiert. Für die Eltern ist eine zentrale Informationswand viel leichter wahrzunehmen. Auch Aushänge, die nur einen Bildungsraum betreffen, werden an der gemeinsamen Info-Wand ausgehängt. Ankündigungen oder Rückblicke von Projekten und Angeboten sind dort ebenfalls zu sehen. Ausnahmen sind, wie in der Reggio-Pädagogik, *sprechende Wände,* die die Info-Wand ergänzen. Diese zeigen zum Beispiel Fotos, Kinderzeichnungen oder Kommentare zum Bildungsprozess der Kinder. Das regt die Kinder zum Austausch über die Themen an.

Neben der sichtbaren Veränderung gibt es auch hier die unsichtbare Veränderung im Teamverständnis. Aus *Einzelkämpfern* werden *Teamplayer.* Denn weil das Team und die Kinder nicht mehr in einzelne Gruppen unterteilt sind und stattdessen als ein gemeinsames Haus gelten, gibt es *meine Pinnwand* nicht mehr, sondern nur noch die *gemeinsame.*

Die Rezeption

Wenn die Eltern ihre Kinder morgens in die Einrichtung bringen, haben sie oft noch Bitten, Fragen oder kleine Aufgaben zu erledigen, zum Beispiel Fotos oder Theatergeld zu bezahlen. Das stört bei der Annahme des Kindes in der Gruppe, denn es reißt die Erzieherin aus einem Gespräch oder Spiel mit den Kindern heraus. Auf Dauer werden diese Störungen als lästig empfunden und können sogar krank machen. Hier schafft eine Rezeption Abhilfe. Dort können alle organisatorischen Dinge rund um den Kita-Alltag gebündelt werden. Im Rotationsverfahren übernehmen Kolleginnen den Dienst an der Rezeption, die nur in der Bringphase geöffnet sein muss. Da die Kinder meist fließend über den Tag verteilt abgeholt werden, kann das Abholen in den Bildungsräumen bzw. im Außengelände erfolgen. Dazu eignen sich an festen Orten hinterlegte Klemmbretter mit Anwesenheitslisten. Auch digitale Medien wie Tablets bieten hier eine gute Unterstützung und Vernetzung.

Aufgaben der Rezeption:

- freundliche Begrüßung der Eltern und Kinder (jeder wird sofort wahrgenommen)
- Dokumentation, welche Kinder da sind (Gruppenbuch oder -listen)
- Informationen von Eltern annehmen, festhalten und weitergeben (hier eignen sich ein Info-Buch oder Klemmbretter)
- Gelder einsammeln
- Fotos oder Informationen herausgeben
- Fragen klären
- Telefondienst
- Essensbestellung
- bei Personalausfall die Vertretung im Haus organisieren
- Aufsicht im Flur und im Eingangsbereich

Zeit für die Annahme des Kindes

In den meisten Kitas ist die Rezeption sehr beliebt. Die Eltern empfinden Kitas mit Rezeptionen als gut organisiert und erfahren eine zuverlässige Annahme ihrer Anliegen. Die Erzieherinnen erleben die Rezeption als Abwechslung im pädagogischen Alltag und freuen sich, alle Eltern und Kinder im Haus zeitnah kennenzulernen und von den Eltern als Ansprechpartner wahrgenommen zu werden. Gerade für neue Kolleginnen bietet die Rezeption die Chance, sich den Eltern vorzustellen und sie kennenzulernen. In den Bildungsräumen ist so mehr Zeit für eine ungestörte pädagogische Annahme des Kindes. Kurze Gespräche mit den Eltern zur Befindlichkeit des Kindes erfolgen auch hier, sind aber nur ein Bruchteil dessen, was eine Erzieherin ohne Rezeption annehmen und regeln muss.

8. Schritt: Dokumentation

Teamsitzungen – ein Muss!

Regelmäßige Teamsitzungen sind ein Muss in der Planungs- und Startphase der offenen Arbeit. Ob es um Ideen oder Unsicherheiten geht – es muss zuverlässig geregelt sein, dass es dafür Zeit und ein „offenes Ohr“ gibt.

Es empfiehlt sich, Organisatorisches und pädagogische Inhalte voneinander zu trennen. Beispielsweise kann wöchentlich eine kleine „Orga-Runde“ stattfinden, an der nur die Hälfte der Mitarbeiter teilnehmen und die Informationen anschließend an ihre Kolleginnen weitergeben. Mindestens alle 14 Tage sollte eine zweistündige Teamsitzung rund um alle pädagogischen Fragen eingeplant werden. Während der Startphase auf dem Weg zur offenen Arbeit empfiehlt sich eine wöchentliche Teamsitzung, denn je eher Unsicherheiten geklärt werden, desto besser läuft das neue Konzept an. Fragen der Erzieherinnen sollten vorab gesammelt werden, sodass die Leitung sich darauf vorbereiten und sie angemessen beantworten kann. Dies kann zum Beispiel anhand einer Liste erfolgen, die im Personalraum aushängt. Hier kann jeder Mitarbeiter den gewünschten Tagesordnungspunkt für die nächste Sitzung eintragen und mit seinem Kürzel versehen.

Fallbesprechungen

Fallbesprechungen nehmen in der offenen Arbeit einen größeren Raum ein als im geschlossenen Konzept. Die offene Arbeit erfordert mehr Austausch, ermöglicht es aber auch, ein Kind aus unterschiedlichen Perspektiven zu sehen. Denn jedes Teammitglied hat eine andere Wahrnehmung und einen individuellen Blick auf das jeweilige Kind. Dies ist eine absolute Bereicherung des offenen Konzeptes.

Raum für Sorgen und Ängste

Eine große Sorge der Erzieherinnen ist es immer wieder, die Kinder nicht genug im Blick zu haben. Es ergeben sich Fragen wie „Wie soll ich wissen, wie das Kind kreativ gestaltet, wenn ich doch selbst immer im Bauraum bin?“ und „Wie kann ich einen Entwicklungsbericht schreiben, wenn das Kind selten in meiner Nähe spielt?“. Diese Fragen müssen ausführlich besprochen werden. Zunächst heißt es erneut, alte Denkmuster loszulassen und sich vom Einzelkämpferdenken hin zum Teamdenken zu bewegen.

Austausch

Wenn das Kind nicht in der Nähe der Bezugserzieherin spielt, dann spielt es sicher in der Nähe einer Kollegin, mit der sich die Bezugserzieherin austauschen kann. Der Austausch untereinander über Kinder, Themen und Prozesse nimmt in der offenen Arbeit deutlich mehr Raum ein als in geschlossenen Konzepten. Ohne Austausch geht es nicht!
Eine weitere Möglichkeit, Bezugskinder in verschieden Bildungsbereichen zu beobachten, bietet der Raumbesetzungsplan (s. S. 57). Hier können Erzieherinnen sich aus der festen Planung herausnehmen und für einen bestimmten Zeitraum auf die Spuren des Kindes begeben, das sie beobachten möchten. Da diese Beobachtungszeiten jedoch Momentaufnahmen sind, ist auch hier der Austausch mit den Kolleginnen notwendig.

Feste Zeiten für Austausch

Es wird deutlich, dass im offenen Konzept klare Zeiten für Austausch und Fallbesprechungen benötigt werden. Im Dienstplan sollten solche Austauschrunden mit eingeplant werden und auch, wenn das Team nicht vollzählig ist, stattfinden. Kleinteamrunden mit einer guten Vorplanung, über welches Thema oder welche Kinder gesprochen werden soll, geben Sicherheit und sind gute Grundlagen für eine qualitativ hochwertige Beobachtung und Arbeit.

Strukturhilfen

Strukturen können bei der Beobachtung helfen. In den Bildungsräumen sollten Listen mit den Namen der Kinder vorhanden sein. Mit Hilfe einer Skala von 1 – 5 (1 = gar nicht, 5 = sehr) werden folgende Fragen beantwortet:

- War das Kind heute hier?
- Hat es sich wohlgefühlt?
- Wofür hat es sich interessiert?
- Hat es engagiert gespielt?
- Mit wem hat es gespielt?
- Brauchte es Unterstützung?
- Was ist mir aufgefallen?

Beispielliste

Name	War das Kind heute hier?	Hat es sich wohlgefühlt? (1 – 5)	Wofür hat es sich interessiert?	War es engagiert? (1 – 5)	Mit wem hat es gespielt?	Wobei brauchte es welche Unter-stützung?	Anmerkung
Anna							
Fabian							

Lösungsorientierte Fragen des Leuvener Modells

Die oben genannten Fragen basieren auf dem Leuvener Modell[3], das erfahrungsorientiert arbeitet und nach dem Wohlbefinden und der Engagiertheit des Kindes fragt. Denn dies sind Merkmale für die Qualität von Erziehungs- und Lernprozessen. Die Fragen nach Wohlbefinden und Engagiertheit können nicht immer ausführlich beantwortet werden. Daher macht es Sinn, sich auf bestimmte Beobachtungstage zu verständigen, an denen intensiv beobachtet werden kann. Wenn Unsicherheit über ein Kind besteht oder das nächste Elterngespräch ansteht, sind diese Beobachtungen sehr hilfreich.

Wenn ein Kind zum Beispiel nie im Bauraum ist, dann wirft dieser Umstand Fragen auf, die der Reflexion und Analyse bedürfen. Sie können im Kleinteam besprochen werden, zu dem von jedem Bildungsraum eine Mitarbeiterin gehören sollte. Hier werden Kinder besprochen, die in diesem Beobachtungsverfahren auffallen, weil sie sich beispielsweise nicht wohlfühlen oder nur wenig engagieren. Diese Kinder werden anhand von vier Bereichen thematisiert, sodass deutlich werden kann, wo ein Problem vorliegt:

- Gibt es im Spielkontakt mit den anderen Kindern Probleme?
- Sind die Umgebung, der Raum und das Material nicht anregend genug?
  Bieten wir Materialien zum Thema des Kindes? Besteht Unter- oder Überforderung?
- Gibt es in der Beziehung zur Erzieherin Probleme?
- Liegen Probleme in der häuslichen Situation vor?

Diese Fragen sind lösungsführend und helfen zu klären, wo Unterstützung ansetzen muss. Der Blick verschiedener Kolleginnen zeigt in der Regel, dass es sicher einen Bildungsbereich gibt, in dem sich das Kind wohlfühlt und engagiert. Dieses Engagement gilt es nun, in einen anderen Bereich zu holen. Hierzu muss an den Interessen und Stärken des Kindes angesetzt werden, nicht aber an seinen Schwächen. Wenn ein Kind zum Beispiel nie im Bauraum ist, sollte überlegt werden, was das Kind gern spielt und mit wem. Aus dieser Beobachtung heraus kann gemeinsam eine individuelle Lösung gesucht werden: Welcher Impuls, welches Material, welche Spielpartner und welche Erzieherin können das Kind einladen, das Bauen für sich zu entdecken? Der Leitgedanke ist: Nicht das Kind ist schwierig, sondern die Situation ist für das Kind schwierig.

Übersichtslisten zur Ist-Analyse

Eine weitere Möglichkeit, sich einen Überblick über die Kinder in den jeweiligen Bildungsräumen zu verschaffen, ist eine etwas „abgespeckte" Liste (s. S. 62), die drei Mal jährlich zu festgelegten Kalenderwochen bearbeitet werden kann. Hier erfolgt die Einschätzung der Engagiertheit nach niedrig (n), mittel (m) und hoch (h).

---

[3] Vgl. Schlömer, K. (o. J.): Leuvener Engagiertheitsskala. Verfügbar unter: *www.leuvener-engagiertheitsskala.de* (letzter Abruf: 16.01.2019).

Beobachtungsliste

Bildungsraum: Atelier					Datum/Woche KW 14			Kita-Jahr 2019			
		Häufigkeit			Wohlbefinden			Engagiertheit			Bemerkungen
Name	Vorname	n	m	h	n	m	h	n	m	h	
Mueller	Lisa			X			X		X		schaut anderen Kindern zu; hat wenig eigene Ideen; ist immer interessiert; traut sich wenig zu
Meyer	Anna		X			X			X		malt gern an der großen Malwand; noch wenig Ausdauer für Details; probiert noch aus
Fischer	Max	X				X		X			kommt als Begleiter seiner Freunde; ist kurz aktiv, schnell wieder raus
Jägers	Tim			X			X			X	sehr kreativ; viele eigene Ideen; sehr selbstständig; setzt viel unterschiedliches Material ein
Alfa	Lina			X			X		X		malt gern, mit Ausdauer; viele Details; sehr ruhig; konzentriert; eigene Ideen; hilft anderen Kindern

Diese Liste ist schnell ausgefüllt und erfasst genau die Kinder, die in der gewählten Kalenderwoche in den Bildungsräumen waren. Das Feld „Bemerkungen“ kann dazu genutzt werden, wichtige Informationen festzuhalten. Alles was auffällt, positiv wie besorgniserregend, kann hier notiert werden. Für Rückfragen ist es wichtig, hinter dem Feld „Bemerkungen“ sein Namenskürzel zu setzen. Grundsätzlich sollte immer berücksichtigt werden, dass die Eintragungen in diesem Feld Momentaufnahmen einer Beobachtung sind und keine Festschreibung darstellen.

Diese Listen werden anschließend im Teamraum an die Wand gehängt. Alle Bildungsräume sollten nebeneinander ihren Platz finden. So wird sichtbar, wo sich die Kinder in der jeweiligen Woche aufgehalten haben, in welcher Häufigkeit, mit welchem Wohlbefinden und mit welcher Engagiertheit sie dort gespielt haben. Kinder, bei denen überwiegend „niedrig“ angekreuzt wurde, werden in den entsprechenden Bereichen farbig markiert. Sie sollten im Team besprochen werden. Kinder, die im Feld „Bemerkungen“ Anlass zum Austausch geben, werden in diesem Feld markiert. Anhand dieser Markierungen entsteht eine klare Übersicht, welche Kinder weshalb besprochen werden sollten. Erzieherinnen, die sich sorgen, nicht genug von ihrem Bezugskind mitzubekommen, erhalten mit dieser Liste die Möglichkeit zu sehen, wo sich das Kind aufgehalten hat und wie es von den Kolleginnen wahrgenommen wird. Falls der Platz im Feld „Bemerkungen“ nicht ausreicht, kann ein zusätzliches Blatt verwendet werden, worauf in der Bemerkung hingewiesen wird. Wird diese Ist-Analyse drei Mal im Jahr durchgeführt, zum Beispiel im Herbst, Winter und Frühjahr, wird Weiterentwicklung, Veränderung oder Stillstand deutlich.

Portfolioarbeit

Für die Portfolioarbeit ist das offene Konzept eine große Bereicherung. Situationen, die für das Kind und sein Lernen bedeutsam sind, werden von der Erzieherin, die dabei ist und diesen Moment miterlebt, festgehalten und dokumentiert. Sie bespricht und dokumentiert gemeinsam mit dem Kind die Situation, was bedeutet, dass sie nicht über das Kind hinweg entscheidet, was sie dokumentiert, sondern im Dialog mit dem Kind. Die Gedanken des Kindes zur erlebten Situation werden festgehalten, denn seine Wahrnehmung ist von Bedeutung. Es geht nicht darum zu dokumentieren, was die Erzieherin gesehen hat, sondern darum, was das Kind gelernt, erlebt und gefühlt hat. Anschließend heftet die Erzieherin mit dem Kind die Lerngeschichte, das Kunstwerk oder ein kommentiertes Foto in seinen Portfolioordner. Denn das Kind hat das Hoheitsrecht über seinen Ordner und entscheidet, wer die Seiten einsehen oder fortführen darf. Wenn die bedeutsamen Erlebnisse des Kindes von allen Kolleginnen festgehalten werden, geht es nicht länger um *meine Kinder* und *meine Ordner,* sondern um die am Erleben des Kindes orientierte Beobachtung und Dokumentation.

Praxistipp: Register im Portfolio

Entwicklung lässt sich nur chronologisch dokumentieren. Kinder haben beim Abheften ihrer Kunstwerke und ihrer Portfolioseiten aber oft andere Prioritäten. Damit sie die Chronologie beim Abheften verstehen und akzeptieren, helfen Registerkarten, auf denen das Alter der Kinder eingetragen ist – als Zahl und als Punkte zum Abzählen. Alles, was hinter der „3“ eingeheftet wird, hat das Kind mit drei Jahren gemacht und erlebt. An jedem Geburtstag wird als Ritual ein neues Trennblatt erstellt.

Verantwortungen klären

Dennoch müssen Verantwortungen geklärt werden. Eine gute Möglichkeit ist es, für die Portfolios seiner Bezugskinder verantwortlich zu sein. Hier geht es aber nicht um das „Füllen“ der Ordner, sondern um die gemeinsame Reflexion der Inhalte mit dem Kind. Alle Kolleginnen arbeiten einander zu und die Bezugserzieherin bespricht mit dem Kind, wenn sich eine neue Seite im Ordner befindet: Was hat das Kind hier erlebt?

Die Aufteilung der Kinder kann sich am Arbeitsstundenumfang der Mitarbeiter orientieren. Eine Vollzeitkraft ist beispielsweise für 8–10 Kinder verantwortlich, eine Teilzeitkraft für prozentual weniger Kinder. So entstehen individuelle Entwicklungsdokumentationen von Erlebnissen des Kindes, die für das Kind und sein Lernen von Bedeutung sind.

Listen zur Übersicht

Um einen Überblick zu behalten, welche Kinder schon Portfolioseiten oder Lerngeschichten im laufenden Kindergartenjahr in ihrem Ordner haben, empfiehlt es sich, Kinderlisten im Besprechungsraum aufzuhängen, in denen mit Datum festgehalten wird, wann was dokumentiert wurde. Ein Beispiel ist hier aufgeführt:

(LG = Lerngeschichte)

Name	LG	LG	Portfolio	Portfolio	Portfolio	Portfolio	Portfolio
Anna	28.02.17	15.04.17	20.08.17	07.12.17	05.02.18		
Fabian	10.02.17		01.09.17	08.12.17	08.03.18	01.05.18	
Zoe			31.08.17	01.03.18			

Eine solche Übersicht zeigt schnell, welche Kinder genauer beobachtet werden sollten, und gibt Anlass zum konstruktiven Austausch über das Kind und seine Situation im offenen Konzept. Warum wurden zu einem Kind wenige bis gar keine Portfolios oder Lerngeschichten erstellt? Fällt das Kind nicht auf? Oder engagiert es sich nicht und ist besonders still? Durch die Übersichts-Liste fällt dies auf und gemeinsam kann erörtert werden, warum dieses Kind nur wenige Aufzeichnungen im Ordner hat. Es soll kein Dokumentationsdruck für die Erzieherinnen entstehen, aber es sollte gewährleistet werden, dass alle Kindern Lerngeschichten und Portfolioseiten erhalten.

Teamvereinbarungen

Es empfiehlt sich, im Team Vereinbarungen zur Portfolioarbeit zu treffen. Dabei kann zwischen „Pflicht" und „Kür" unterschieden werden: Was gehört aus der Sicht des Trägers, der Leitung und des Teams in den Portfolioordner und was darf zusätzlich hinein, ohne zu großen Arbeitsaufwand zu verursachen? Das Portfolio sollte die individuelle Entwicklung eines Kindes widerspiegeln, daher sind genormte Seiten nicht das Ziel der Dokumentation, sondern das Festhalten von individuellen Lernerfolgen und Erlebnissen.

Praxistipp: Portfolio-Tag

Bieten Sie einmal im Jahr einen Portfoliotag an. So bringen Sie den Eltern die Portfolioarbeit näher und die Kinder können ihren Eltern anhand ihrer individuellen Ordner ihre Entwicklung erklären. Die Eltern sind meistens beeindruckt und das Team erfährt eine positive Resonanz seiner Arbeit.

Geeigneter Ort für Portfolio-Ordner

Wenn es keine Stammgruppen mehr gibt, stellt sich die Frage, wo die Portfolio-Ordner ihren Platz finden sollen. Grundsätzlich sollten sie für die Kinder erreichbar sein und in Kinderhöhe stehen. Falls der Flur genügend Platz bietet, ist dieser ein guter Ort für die Ordner. In unmittelbarer Nähe macht ein Sofa oder ein Teppich mit Bodentisch Sinn, um die Portfolios in Ruhe betrachten zu können. Da die Kinder ihre Ordner auch gern ihren Eltern zeigen, sollte der Bereich einladend gestaltet sein.

Portfolioarbeit mit dem Tablet

Mit einem Tablet kann die Portfolioarbeit wesentlich erleichtert werden. Es kann im Bildungsbereich spontan dazugenommen werden, sodass Lernmomente oder wichtige Situationen schnell festgehalten werden können. Wenn beispielsweise im Bauraum ein gemeinsames Bauwerk entsteht, kann der Bauprozess in Etappen fotografiert werden. Die Kinder haben meist sehr konkrete Vorstellungen, aus welcher Perspektive fotografiert werden soll, und gern machen sie die Fotos selbst – den meisten Kindern ist der Umgang mit einem Tablet vertraut. Die Erzieherin kann den Prozess begleiten und Dialoge der Kinder mit Hilfe des Tablets festhalten. Ohne die Situation zu verlassen, kann sie die entsprechenden Fotos im besten Fall mit Hilfe des mit WLAN verbundenen Druckers sofort ausdrucken. Wenn die Spielsituation endet, können die Erzieherin und die Kinder das Portfolio oder die Lerngeschichte gemeinsam besprechen. Wichtige Fragen hierbei sind: „Habe ich euer Bauen richtig beschrieben?“ „Fehlt euch etwas oder steht hier alles, was euch wichtig ist?“ Zusammen kann überlegt werden, ob eine Perspektive oder Weiterentwicklung der Bausituation aufgeschrieben werden soll oder ob das Portfolio zum Festhalten des Bauwerkes ausreicht.

Gleichzeitig kann das Portfolio als Informationsquelle hinzugezogen werden. In der Situation, die auf Seite 64 unten abgebildet ist, wurde der Turm beispielsweise so schief, dass die Erzieherin meinte, er erinnere an den schiefen Turm von Pisa. Die Fragen der Kinder zu diesem Turm konnten mit Bildern aus dem Internet diskutiert werden und haben den Bildungsprozess unterstützt.

9. Schritt: Feste und Projekte

Die Geburtstagsfeier auf dem Prüfstand

Das wichtigste Fest, das in einem Team im Prozess der Öffnung besprochen wird, ist der Geburtstag der Kinder. Allen Erzieherinnen liegt es am Herzen, den Tag für das Geburtstagskind schön zu gestalten. Es soll an diesem Tag Wertschätzung und eine „Sonderrolle“ erfahren. Das ist das Ziel dieser Feier – Wege der Umsetzung gibt es viele. Hier kann gemeinsam zusammengetragen werden, wie die Geburtstagsfeste bisher in den verschiedenen Gruppen gefeiert wurden. Es müssen viele Fragen beantwortet werden: Was soll davon erhalten bleiben? Was ist nicht mehr umsetzbar? Was muss neu gestaltet werden?

Kinder mit einbeziehen

Bei der Umsetzung der „neuen“ Geburtstagsfeste gibt es keine Vorgaben. Wichtig ist es aber, die Offenheit zu erhalten, die Feier auch in Zukunft weiterzuentwickeln oder zu variieren. Jedes Team kann hier eigene Wege gehen. Es sollte aber beachtet werden, dass die bisher selbstverständlichen Teilnehmer der Feier nicht mehr gegeben sind, wenn es keine Stammgruppen gibt. Sollte es noch Stammgruppen geben, kann überlegt werden, ob das Kind sich vielleicht selbst seine Gäste aussuchen darf, anstatt in der großen Gruppe zu feiern. Kinder haben oft sehr konkrete Vorstellungen, was sie sich für ihren Geburtstag wünschen, und können in Partizipation in die Neugestaltung eines Geburtstagsrituals mit einbezogen werden. Auch hier gilt der Grundsatz: Das Team entscheidet vorab, was es zur Partizipation freigeben möchte: die gesamte Feier, den Rahmen, den Ort, die Gäste, das Festessen?

Praxistipp: Geburtstag

Der Eingang der Kita ist gleichzeitig die Stelle für alle wichtigen Informationen. Hier darf auch die wichtige Info nicht fehlen, welches Kind heute Geburtstag hat. Stellen oder hängen Sie einen dekorierten Bilderrahmen mit dem Hinweis auf, dass dieses Kind heute Geburtstag hat. Kindern ist diese Information sehr wichtig und das Geburtstagskind freut sich umso mehr!

Krone in Eigenregie basteln

Das Basteln einer Krone sollte weiterhin bestehen bleiben und kann im Atelier schon einige Tage vor dem Geburtstag gemeinsam mit dem Kind erfolgen. Für das Kind ist es etwas ganz Besonderes, wenn es für die Gestaltung der Krone zum Beispiel eine bestimmte Bastelkiste mit besonderem Glitzer oder tollen Stickern gibt.

Geburtstagskinder bündeln

Falls es weiterhin einen Morgenkreis gibt, kann die Geburtstagsfeier dort erfolgen – mit Liedern, „Raketen", Seifenblasen, Wunderkerzen und allem, was noch dazugehört. Das Mitbringen von Kuchen, Muffins oder anderen Leckereien ist im pädagogischen Alltag meist eher eine Belastung als eine Bereicherung. Im offenen Konzept wissen die Eltern oft nicht, für wie viele Kinder sie etwas mitbringen sollen. Es wird also höchste Zeit, sich davon zu verabschieden. Eine mögliche Alternative ist es, die Geburtstagskinder eines Monats zusammenzufassen und mit ihnen gemeinsam etwas zu backen oder zu kochen. Die Leckereien können im Bistro mit angeboten werden.

Kinder, die innerhalb eines Monats Geburtstag haben, können dazu in einer Kleingruppe zusammengefasst werden und gemeinsam eine Speise aussuchen, die sie für die anderen Kinder zubereiten möchten. Die Zutaten werden auf Zettel gemalt und den Eltern mitgegeben, sodass diese sich an dem Festmahl beteiligen können. An einem zuvor abgesprochenen Tag wird die Speise gemeinsam vorbereitet und mit Fotos der Geburtstagskinder auf dem Buffettisch angeboten. Möglich ist auch die Zubereitung von Crêpes, die von den Geburtstagskindern während der Frühstückszeit gebacken und verteilt werden. Die Kinder stellen sich gern mit ihrer Krone an das Buffet und teilen ihre Speisen aus.

Geburtstagstisch mit Freunden im Bistro

Manche Kita-Teams verzichten ganz auf das Anbieten eigener Geburtstagsspeisen. Sie bieten dem Geburtstagskind stattdessen die Möglichkeit, sich eine Festtafel im Bistro einzudecken. Ein Foto auf einem großen Kronenständer zeigt den anderen Kindern, dass hier heute das Geburtstagskind sitzt. Weitere Dekorationen für die Tafel werden mit dem Geburtstagskind aus einer „Schatzkiste" ausgesucht, die extra dafür im Bistro vorbereitet steht. Die Kinder gestalten sich ihren Platz gern selbst und laden dann ihre besten Freunde ein, mit ihnen am Geburtstagstisch zu frühstücken.

Feste im Jahreskreis

Alle weiteren Feste wie Karneval, Ostern, Weihnachten usw. müssen ebenso auf den Prüfstand gestellt werden. Hierbei muss überlegt werden, was das Ziel des Festes ist und wie es bisher in der Kita gelebt wurde. Nicht alles muss verändert werden, aber das Fest sollte mit dem offenen Konzept kompatibel sein. In diesem Punkt haben viele Teams schon Erfahrung in der gemeinsamen Planung und können auf diese Ressource zurückgreifen.

In der der offenen Arbeit finden diese Feste nicht mehr auf Gruppenebene statt, sondern in der ganzen Kita. Wenn eine Einigung bezüglich der verschiedenen Feste gefunden wurde, müssen die Eltern über die neuen Abläufe informiert werden. Ihnen fällt die Umstellung oft besonders schwer. Denn auch sie sind ein Gruppendenken gewöhnt und haben sich bisher im Radius der Gruppe ihrer Kinder bewegt. Die Öffnung verunsichert sie anfangs, bietet ihnen aber auch Chancen für neue Kontakte.

Beispiel: Weihnachtsfeier

Eine Möglichkeit, den Eltern das offene Konzept näherzubringen, ist die Weihnachtsfeier. Diese kann den Bildungsräumen entsprechend als eine aktive Feier angeboten werden: So kann beispielsweise im Atelier Weihnachts-Deko mit den Kindern gebastelt und im Bauraum mit Licht, Schatten und Bauten experimentiert werden. Auch kann Material für Lege-Mandalas bereitgestellt werden und im Raum für das Rollenspiel können Weihnachtslieder auf der Bühne gesungen werden. In der Bücher-Ecke/der Bibliothek bietet es sich an, weihnachtliche Bilderbücher vorzulesen, und im Bistro findet die weihnachtliche Cafeteria statt. So wird in jedem Bildungsraum seinem Thema entsprechend eine zum Fest passende Aktivität angeboten und die Eltern erfahren gemeinsam mit ihren Kindern, wie schön es ist, sich in einem Raum intensiv mit einem Thema zu beschäftigen.

Projekte und Haltung

Vor einigen Jahren ist die Projektarbeit verstärkt in die Kitas gekommen. Sie wurde jedoch in den verschiedenen Einrichtungen sehr unterschiedlich umgesetzt. Projekte sollten die vorgeplante Arbeit nach Monats- und Wochenplänen ablösen, denn diese Form der Vorplanung ist eine Planung der Erwachsenen, die sich nicht am Kind und seinen Themen orientiert. Projekte dagegen stellen das Finden von Themen in den Vordergrund und nicht mehr die Suche der Erzieherinnen nach interessanten Themen. Die Beobachtung, das Zuhören und die achtsame Begleitung der Kinder stellen die Grundlagen für das Finden von Projektthemen dar. Im Dialog mit den Kindern entsteht das Thema und daraus kann sich individuell ein kleines oder größeres Projekt entwickeln. Diese Haltung entspricht auch der Haltung der Erzieherinnen in der offenen Arbeit. Nicht die Erwachsenen geben vor, was gemacht wird, sondern das Kind mit seinen Themen und Interessen wird ernst genommen. Dies schließt nicht aus, dass manchmal auch Themen als Impulse von den Erzieherinnen mit eingebracht werden dürfen. Kinder brauchen auch Anregungen, die außerhalb ihres Radius' liegen und denen sie bisher noch nicht begegnet sind. Denn neue Themen bedeuten neue Herausforderungen – und Kinder sind immer wieder auf der Suche nach diesen.

Projekte als Herausforderung

Anders als noch im festen Gruppenverband stehen Projekte im offenen Konzept jetzt allen Kindern offen. Sie können in jeglichem Bildungsraum entstehen oder auch gezielt installiert werden. Bisher durften andere Gruppen oft nur kurz besucht werden, wenn diese an einem spannenden Thema forschten – sofern die Erzieherinnen dem zustimmten. Die offene Arbeit bietet den Kindern stattdessen die Chance, eigenständig dorthin zu gehen, wo sie ihr Thema finden oder wofür sie sich begeistern und engagieren.

Beispiele aus der Praxis

Projekt „Baustelle": Initiiert von Kindern

In einem Kindergarten wurde angebaut, und monatelang gab es eine Baustelle mit Bagger, Kran und Bauarbeitern. Viele Kinder interessierten sich dafür und standen lange am Fenster. Es wurde diskutiert, was welcher Arbeiter gerade macht, wer den Bagger fahren darf und warum dieses oder jenes gerade passiert. Im Bauraum wurde das Spiel merklich lauter, da die Bauhölzer nicht mehr nur zum Bauen, sondern auch zum Klopfen und Hämmern genutzt wurden. Die Kinder sind mit den Materialen in das Rollenspielhaus gezogen. Dort haben sie gegen die Wände geklopft und alles auseinandergenommen. Die Erzieherin hat spontan versucht, die Kinder zum Bauraum zurückzuschicken sowie um Ruhe und einen sachgerechten Umgang mit dem Baumaterial gebeten. Als die Kinder jedoch immer wieder in das Rollenspielhaus kamen und klopften und hämmerten, hat sie das Spiel der Kinder zum Anlass genommen, sie zu beobachten. Durch den Dialog mit ihnen hat sie herausgefunden, was ihre Beweggründe für ihr Tun sind. Schnell war das Thema „Baustelle“ präsent und die Erzieherin besprach mit den Kindern, was sie auf der Baustelle alles beobachtet hatten und was sie mit den Bauhölzern im Spielhaus vorhatten. Das Ernstnehmen ihres Spiels statt der Ermahnung ließ die Kinder engagiert erzählen, welche Fragen und Ideen sie hatten. Gemeinsam wurde entschieden, dass eine Baustelle für die Kinder geschaffen werden muss. In der Kleingruppe wurden Pläne entwickelt, die in einer Vollversammlung allen Kindern vorgestellt wurden. Das Spielhaus (bisher war dies eine Kinderwohnung mit Puppenbett, Kinderküche usw.) sollte leergeräumt und anschließend sollte Platz geschaffen werden für eine Baustelle. Zusätzlich wurden Pinsel, Zollstöcke, Leitern, Bauhelme und Werkzeuge in das Spielhaus gelegt. Tagelang wurde dort engagiert „gearbeitet“, und auch andere Kinder ließen sich mitreißen. Einige Jungen malten im Atelier Baupläne. Sie besprachen gemeinsam ihre Ziele und bauten schließlich auch im Außengelände. Nach etwa drei Wochen ließen die baulichen Aktivitäten im Spielhaus nach und erst dann wurde gemeinsam mit allen Kindern überlegt, was weiterhin mit dem Spielhaus geschehen soll.

Projekt „Insekten“: Initiiert von den pädagogischen Fachkräften

Ein von den Erzieherinnen initiiertes Projekt sollte den Kindern das Thema Insekten näherbringen und ihnen verschiedene Formen der Auseinandersetzung damit bieten. Zunächst haben die Kinder verschiedene Insekten in der freien Natur mit Lupengläsern untersucht. Anschließend haben sie Sachbücher zu den unterschiedlichen Insekten hinzugenommen und sich auch in Gesprächen mit den Tieren auseinandergesetzt. Die Erzieherin im Atelier hat Bastel- und Malaktivitäten zu Insekten angeboten und Ideen der Kinder aufgegriffen. Der Overheadprojektor bot die Chance, Insekten in überdimensionaler Größe zu betrachten und zu zeichnen. Am Sandtisch konnte mit „Gummi-Insekten“ und Naturmaterialien gespielt werden. Ein Besuch des Naturschutzbundes mit einer Bienenspezialistin und mitgebrachten Ameisen führte immer tiefer in das Thema hinein und faszinierte nach und nach alle Kinder. Schließlich entstand die Idee, dass im Kindergarten Wohnraum für Wildbienen geschaffen werden sollte. Mit Hilfe der Eltern wurde ein großes Insektenhotel gebaut. Ein gemeinsames Grillen beendete die offizielle Phase des Projektes, aber das Thema lebte in der Kita noch eine Zeit lang weiter.

Bei einem solchen Projekt ist der Weg entscheidend, der beim gemeinsamen Gehen entsteht. Die Erzieherin kann eine grobe Vorstellung von dem Weg haben, den die Kita gemeinsam beschreitet. Was sich aber letztendlich daraus entwickelt, orientiert sich an den Kindern.

Dokumentation für Eltern und Portfolio

Der Entstehungsprozess und der Verlauf solcher Projekte sollte gut dokumentiert und diese Dokumentation sollte ausgehängt werden. Fotos mit erklärenden Texten beziehen die Eltern mit ein und zeigen die pädagogische Arbeit in der Kita. Gleichzeitig sind diese Aushänge eine Grundlage für die Portfolios, die im Dialog mit den Kindern die Momente festhalten, die für sie bedeutsam sind oder bei denen sie sich engagiert haben.

10. Schritt: Die Umsetzung

Endlich ist es so weit

Nach Monaten der Planung kommt schließlich der Tag der Umsetzung. Einigen Teammitgliedern erscheint dieser Zeitpunkt als zu früh, während andere es kaum erwarten können, endlich offen zu arbeiten. Dieses Empfinden ist sehr unterschiedlich, denn jeder geht anders mit Veränderung um. Die Erwartung, dass jedes Teammitglied frei von Ängsten oder Sorgen ist, wird nie erreicht, egal wie lange die Planungsphase gedauert hat. Es ist Aufgabe der Leitung, Zuversicht auszustrahlen und über Visionen zu Zielen zu führen. Ihre Vorfreude auf die Umsetzung motiviert in der Regel das Team und ihre Zuversicht beruhigt, nimmt Sorgen und Ängste. Niemand sollte eine perfekte Umsetzung erwarten. Dies ist auch dem Grundsatz des offenen Konzepts geschuldet: Stünde schon jetzt fest, wie die Arbeit einmal aussehen wird, widerspräche dies dem Prinzip des offenen Konzepts. Hier ist während der Umsetzung und auch weiterhin Offenheit für neue Erkenntnisse und Lösungen gefordert. Unsicherheiten werfen Fragen auf, und durch die konstruktive Lösungssuche lernt das gesamte Team immer wieder hinzu. Misserfolge sollten als Chancen für Austausch und Reflexion angesehen werden, denn die Planungsphase sowie die Umsetzung gestalten sich prozessorientiert.

Mut zur Lücke

Jetzt braucht es Mut, um in die neue Phase hinüberzutreten und sich zurechtzufinden. Es wird Momente der Verzweiflung, des Chaos' und der Hilflosigkeit geben, aber auch Momente der Freude und des Entdeckens, wie spannend anders die pädagogische Arbeit mit Kindern sein kann. Über den Verlust der vertrauten Kollegin hilft der intensivere Kontakt zu anderen Kolleginnen im Team hinweg.

Während der ersten Zeit der Umstellung sind regelmäßige und zeitnahe Teambesprechungen enorm wichtig, damit sich kein Ärger anstaut und Probleme verschleppt werden. Hier macht eine Pinnwand mit bereitliegenden Haftnotizzetteln Sinn, damit jeder, der eine Sorge hat oder Klärung sucht, seine Gedanken für die nächste Teamsitzung festhalten kann. Bei krankheitsbedingtem Personalausfall in den ersten Monaten der Umsetzung darf das Team nicht mit der Sorge, allein zu sein, in altes Gruppendenken zurückfallen. Hier ist jeder im Team für Hilfe und Vertretung untereinander verantwortlich. Das Wichtigste, das in den Monaten der Planung geschehen ist, war die gemeinsame Auseinandersetzung mit dem Bild des Kindes und das Finden struktureller Lösungen für die eigene Kita. Dadurch hat sich etwas verändert, in jedem vom Team – eine innere Veränderung und Weiterentwicklung hat stattgefunden. Die äußere Veränderung lädt die Kinder und die Erzieherinnen jetzt ein, die Kita als Ort des Entdeckens zu erleben. Denn jetzt möchte jeder im Team die Elefanten rennen sehen!

Gibt es den „richtigen" Tag?

Doch in welcher Form und an welchem Tag sollte jetzt die Umstellung auf das offene Konzept erfolgen? Immer wieder fragen Teams, ob es den „richtigen Tag" dafür gibt. Für die Orientierung des Teams ist es wichtig, einen genauen Zeitpunkt der Umstellung in der Planungsphase festzulegen. Andererseits muss auch hier Flexibilität gewährleistet sein, den Tag der Umsetzung ggf. zu verschieben, wenn es in der Planungsphase zu erhöhtem Personalausfall oder -wechsel gekommen ist, weshalb nicht alle Themen in der geplanten Zeit besprochen werden konnten.

Reflexion: Team – Eltern – Kinder

Vor dem letzten Schritt – der räumlichen Veränderung – muss die Organisation im Team geklärt sein: Wer übernimmt welche Aufgaben? Es muss auch überlegt werden, ob die Kinder und Eltern genügend mit einbezogen wurden. Dazu eignen sich die folgenden Checklisten:

Team:

- Wurde der Tag oder das Wochenende der konkreten Umsetzung so geplant, dass jeder im Team sich zeitlich darauf einstellen konnte?
- Sind Aufgaben geklärt und weiß jeder, was er zu tun hat und wofür er verantwortlich ist?
- Wurden die Eltern gebeten, bei der Umsetzung zu helfen?
- Ist besprochen, wer welche Eltern zur Unterstützung hat?
- Sind Handwerker oder Hausmeister für größere Umbauten oder Montagen organisiert?
- Ist geklärt, wo überschüssiges Material gelagert wird?
- Sind neue Materialien bestellt und geliefert worden?

Eltern:

- Wann wurde der Elternbeirat informiert?
- Gab es einen Informationsabend für die Eltern?
- Konnten die Eltern den Prozess mitgestalten?
- Wurden die Ängste der Eltern an- und ernst genommen?
- Sind die Eltern an der Umsetzung beteiligt?
- Sind die Eltern ressourcenorientiert mit eingeplant?

Kinder:

- Sind die Kinder über den Tag der Veränderung informiert worden?
- Sind die Kinder mit einbezogen worden?
- Haben die Kinder mitgestalten können?
- Nehmen Kinder an der Umsetzung teil?
- Welches Teammitglied begleitet die Kinder am Tag der Umsetzung?

Es geht los!

Es bietet sich an, die Umsetzung mit dem Start des neuen Kindergartenjahres zu verbinden. Dann können die Kinder direkt nach den Sommerferien in der neuen Umgebung ankommen. Neue Kinder müssen sich also gar nicht erst umstellen. Der Nachteil dabei ist, dass die älteren Kinder, die mit ihren Eltern das neue Raumkonzept engagiert mitentwickelt haben, eingeschult werden und die Kita verlassen, ohne die Umsetzung mitzuerleben. Es gibt also objektiv betrachtet keinen Tag, der wirklich genau der richtige ist. Jedes Team muss bei dieser Frage eine Antwort für sich finden.

Dialog der Kinder untereinander anregen

Wenn alles umgeräumt und neu gestaltet ist, werden Kinder, Eltern und Erzieherinnen vermutlich staunend durch die Räume gehen. Meistens sind Veränderungen erreicht worden, die zu Anfang kaum vorstellbar waren.

Jetzt startet die Phase des Entdeckens und der Orientierung. Die Erzieherinnen sind gefordert, die Kinder aufmerksam zu beobachten, ihnen zuzuhören und im Dialog mit ihnen Fragen zu klären. Auf der Suche nach Spiel und Material sollte nicht vorgegeben werden, wo etwas zu finden ist. Stattdessen sollten die Fragen der Kinder aufgegriffen werden, damit diese sich die Lösung selbst erschließen. Die Kinder sollen angeregt werden, sich untereinander zu helfen. Wer schon entdeckt hat, wo sich ein bestimmtes Material befindet, oder einen Bereich mitgeplant hat und sich auskennt, kann den anderen Kindern weiterhelfen. Wenn die Kinder an der Planung und der Umsetzung beteiligt waren, fühlen sie sich verantwortlich und können sich gegenseitig unterstützen. Dadurch wird das Kind angeregt, selbstständig nach Lösungen zu suchen und sich auf seine eigene Wahrnehmung zu verlassen. So wird die Eigenständigkeit des Kindes gefördert und Erzieherinnen nicht als „Lösungsgeber" erlebt, sondern als Unterstützer und Begleiter.

Neue Rollenfindung der Kinder

Immer wieder ist zu beobachten, dass die älteren Kinder – oft sind es Jungen – in der ersten Phase der Öffnung lauter und konfliktfreudiger sind. Die Öffnung verändert die sozialen Beziehungen unter den Kindern und kann verunsichern. Jungen, die in ihrer Gruppe bisher die „Anführer" waren, bekommen auf einmal Konkurrenz aus anderen Gruppen und müssen sich behaupten. Denn der Radius der Gleichaltrigen vergrößert sich und so ist jeder gefordert, seine Rolle in der Kita neu zu definieren.

In der Ruhe liegt die Kraft

Dieses Thema sollte wertschätzend aufgegriffen werden. (Wett-)Kampfspiele in der Turnhalle können helfen, die Kräfte konstruktiv und fair miteinander zu messen. Teamspiele fördern den Teamgeist und beziehen auch Kinder mit ein, die nicht unmittelbar von den Konflikten betroffen sind. Die Startphase erfordert viel Ruhe und Gelassenheit von den Erzieherinnen. Kinder, Eltern und das Team brauchen jetzt Zeit und Raum, um sich zu orientieren.

Eltern informieren

Ein Übersichtsplan oder Wegweiser im Eingangsbereich hilft den Eltern, sich zurechtzufinden. Besonders, wenn die offene Arbeit zum neuen Kindergartenjahr umgesetzt wurde, ist es notwendig, den Eltern Informationen über den Entwicklungsprozess der Umsetzung zu geben. Diese können zum Beispiel in einem Ordner mit Protokollen des Teams und der Kinder sowie Fotos der Planung festgehalten werden. Vielleicht haben sich einige Familien unter anderen Voraussetzungen für diese Kita entschieden und möchten jetzt nachvollziehen können, was sich wie und warum verändert hat. Sobald sich alles eingespielt hat, können die Eltern auch hospitieren, um sich selbst ein Bild zu verschaffen.

Praxistipp „Hospitationen"

„Ich verstehe, was ich sehe und fühle!" Unter diesem Motto können Hospitationen für die Eltern angeboten werden. Vorab sollten Sie ein Dokument unterschreiben lassen, in dem die Schweigepflicht über die Beobachtungen festgehalten wird. Eigene Eindrücke dürfen erzählt werden, jedoch nichts über andere Kinder. Zur Organisation kann eine Jahresübersicht an der Info-Wand ausgehängt werden. Die Tage, an denen das Team keine Hospitationen wünscht, werden gestrichen. An den anderen Tagen darf sich je ein Elternteil eintragen.

Kleine Schritte zum „Vorfühlen"

Um den großen Schritt der Umsetzung etwas kleiner zu gestalten, besteht die Möglichkeit, schon in der Planungsphase erste Schritte der Umsetzung zu gehen. So kann das Team beispielsweise zu bestimmten Themen Werkstattarbeit anbieten oder gemeinsam genutzte Räume schon als offene Angebote gestalten.

Laternenwerkstatt

In jeder Kita wird das Martinsfest gefeiert, und zu diesem Anlass werden in der Regel Laternen gebastelt. In der Planungsphase kann gemeinsam beschlossen werden, dass keine „Gruppenlaterne“ mehr gebastelt, sondern eine offene Laternenwerkstatt angeboten wird. Die Laternenwerkstatt kann beispielsweise im Flur stattfinden. Hier liegt dann das Material für die Laternen bereit und verschiedene Erzieherinnen unterstützen und begleiten die Kinder nach einem bestimmten Zeitplan während des Bastelns. Um den Kindern eine freie Gestaltung zu ermöglichen, sollte keine bestimmte Laterne vorgegeben werden, sondern maximal der Grundkörper. So können die Kinder aller Gruppen nach ihren eigenen Vorstellungen eine Laterne basteln. Die Laternenwerkstatt wird zum Ort der Begegnung und der Öffnung. Was bisher nicht vorstellbar war, wird möglich: Die Kinder basteln individuelle Kinderlaternen.

Erste Erfahrung einer Öffnung

Die Kinder und die Erzieherinnen können auf dem Weg in die offene Arbeit auch erste Erfahrungen der Öffnung machen, ohne direkt ihre Gruppe, ihr *Wohnzimmer,* aufzugeben. So können sie erstmals im Rahmen eines Werkstattangebotes erleben, „ihre“ Kinder loszulassen und sich Informationen im Austausch mit Kolleginnen aus anderen Gruppen zu holen. Bisher war dies nur während des Freispiels im Außengelände möglich. Weitere Anlässe, Werkstätten anzubieten, sind Weihnachten, Ostern, Geschenke basteln (sofern die Kita das noch möchte) und alle weiteren Projekte, die während der Planungsphase in der Kita gelebt werden.

Öffnung der Turnhalle

Eine weitere Möglichkeit der kleinschrittigen Öffnung ist die Bewegungslandschaft oder -baustelle in der Turnhalle. Für die Turnhalle wird dann eine personelle Besetzung im Rotationsverfahren geplant und die Kinder bekommen die Möglichkeit, an allen Tagen der Woche in einem vereinbarten Zeitfenster in die Turnhalle zugehen. Wenn sich das Team auf eine maximale Kinderzahl in der Turnhalle verständigt, kann es gemeinsam mit den Kindern ein System zur Übersicht entwickeln.

Bistro als erste Öffnung

Einige Kitas führen vor der großen Öffnung bereits das Bistro ein. Falls kein Raum zur Verfügung steht, kann im Flur ein Bereich abgetrennt und mit Tischen aus den Gruppenräumen versehen werden. Viele Erzieherinnen begrüßen es, wenn Tische aus ihren Gruppen herausgeräumt werden. Oft ist lediglich das Essen am Tisch der Grund, warum sich in den Gruppenräumen Tische befinden, die doch nur Spielraum wegnehmen.

Die Einführung eines Bistros hat gleich mehrere Vorteile:

- weniger Tische in den Gruppen
- kein Essen mehr in den Gruppen
  (Vermeidung von Essenresten auf dem Boden und im Spielbereich)
- keine Ablenkung durch spielende Kinder
- das Thema „Ernährung“ rückt mehr in den Vordergrund
- ein Ort der Begegnung und Kommunikation wird geschaffen
- alle Kinder und Erzieherinnen lernen sich gruppenübergreifend kennen
- Geschwister und Freunde aus verschiedenen Gruppen verabreden sich zum Frühstück

Personelle Besetzung beim Frühstück

Auch für das Frühstück muss die personelle Besetzung gut geplant werden. Die Erfahrung zeigt, dass alle Kinder bei ihrem Start in das Kindergartenjahr mehr Unterstützung beim Frühstücken brauchen als im zweiten Halbjahr. Dies erfordert anfangs mehr Personal. Im Rotationsverfahren können Erzieherinnen aus allen Gruppen tageweise das Bistro leiten. Dadurch fehlt nicht immer nur in einer Gruppe eine Kollegin, sondern aus jeder Gruppe im Wechsel. Falls es zusätzliche Fachkraftstunden gibt, kann auch nur eine Erzieherin aus dem Team für das Bistro verantwortlich sein. Im Rotationsverfahren kann sie durch Erzieherinnen aus den Gruppen unterstützt werden. Jüngere Kinder brauchen anfangs noch die Begleitung ihrer Bezugsperson, die gleichzeitig die Unterstützung der Bistrofachkraft darstellen kann.

Mittagessen im Bistro

Das Mittagessen im Bistro kann wie das gleitende Frühstück angeboten werden. Solange die Kita das offene Konzept noch nicht vollständig umgesetzt hat, können die Kinder in einem festgelegten Zeitfenster essen. Listen zum Ankreuzen, die von den Kindern geführt werden, verschaffen den Erzieherinnen einen Überblick, wer schon gegessen hat. Es ist spannend zu erleben, wie Kinder aus verschiedenen Gruppen sich mischen, wenn die Kinder entscheiden können, wann sie mit wem essen gehen. Dies fördert den Prozess der Öffnung und ermöglicht erste gruppenübergreifende Erfahrungen. Erzieherinnen, denen die Öffnung noch Sorge bereitet, können hier kleinschrittig positive Veränderungen erleben.
Diese Erfahrungen können Mut machen für den großen Schritt zur vollständigen Öffnung, aber auch Fragen aufwerfen, die zuvor noch geklärt werden müssen.

Die Rolle der Leitung

Leitungsrolle in der offenen Arbeit

Die Rolle der Leitung ist im Öffnungsprozess von großer Bedeutung. Sie leitet mit ihrer Vision das Team, gibt Halt und Orientierung. Bei zu erarbeitenden Schritten ist sie ein Teil des Teams, muss aber immer den roten Faden in der Hand halten. Sie behält den Überblick über die Zeitplanung und muss Raum und Zeit für Planung schaffen. Sie hält den Kontakt zum Träger, dessen Erwartungen sie erfüllen muss. Auch für die Eltern ist sie der Ansprechpartner und muss mit deren Erwartungen umgehen. Auf der einen Seite ist die Leitung gefordert, das Team immer wieder zu motivieren. Auf der anderen Seite muss sie die Prozesse kontrollieren. Die Planungsphase bietet die große Chance, zielgerichtet zu führen und das Team partizipativ mit einzubeziehen. Stärken der einzelnen Mitarbeiter können ressourcenorientiert eingesetzt werden. Die Leitung steht außerdem vor der Herausforderung, das richtige Tempo für den Veränderungsprozess zu finden, damit kein

Teammitglied demotiviert oder überfordert wird. Denn es gibt in jedem Team sowohl Bedenkenträger als auch hochmotivierte Umsetzer. Jedes Teammitglied benötigt die Wertschätzung und Anerkennung der Leitung, um die zusätzlichen Planungsaufgaben im ohnehin schon stressigen Alltag umzusetzen. Die Haltung der Leitung ist Vorbild und von großer Bedeutung für den gesamten Veränderungsprozess.

Der Weg entsteht beim Gehen

Der Weg eines Teams zur Öffnung ist immer individuell – mal länger, mal kürzer, mal kurvenreicher, mal geradliniger. Die hier aufgeführten Schritte zur Öffnung der Kita sollen der Orientierung dienen und helfen, einen eigenen roten Faden zu entwickeln. Vielleicht ergeben sich weitere Schritte, und der Weg entsteht, wie so oft im Leben, beim Gehen. Dieses Praxisheft soll Mut machen, sich auf den Weg zur offenen Arbeit zu begeben und Veränderungen nicht als Bedrohung, sondern als bereichernde Weiterentwicklung anzusehen. Der Bezug zur Praxis zeigt, dass jedes Team im Prozess der Öffnung ähnliche Sorgen und Ängste hat. Gleichzeitig zeigt er Möglichkeiten der Umsetzung auf. Das Bild vom kompetenten Kind, das zum aktiven Lernen Umgebungen und Menschen braucht, die Lernen durch Selbstwirksamkeit ermöglichen, sollte das Leitbild im Öffnungsprozess sein. Denken Sie an die rennenden Elefanten.